Unmissable
Longmen Grottoes

不可错过的龙门

杨超杰 著

江苏凤凰美术出版社

图书在版编目（CIP）数据

不可错过的龙门 / 杨超杰著. -- 南京：江苏凤凰美术出版社，2024.3
ISBN 978-7-5741-1738-9

Ⅰ.①不… Ⅱ.①杨… Ⅲ.①龙门石窟 - 介绍 Ⅳ.①K879.23

中国国家版本馆CIP数据核字（2024）第050670号

选题策划	毛晓剑
项目统筹	郭 渊
责任编辑	陆鸿雁
编务协助	刘秋文
特邀审读	叶爱国
责任校对	龚 婷
责任监印	生 嫄
责任设计编辑	郭 渊
封面、封底摄影	吴 健
书　　名	不可错过的龙门
著　　者	杨超杰
出版发行	江苏凤凰美术出版社（南京市湖南路1号 邮编：210009）
制　　版	南京新华丰制版有限公司
印　　刷	南京爱德印刷有限公司
开　　本	787mm×1092mm 1/32
印　　张	9
字　　数	142千
版　　次	2024年3月第1版 2024年3月第1次印刷
标准书号	ISBN 978-7-5741-1738-9
定　　价	98.00元

营销部电话 025-68155675 营销部地址 南京市湖南路1号
江苏凤凰美术出版社图书凡印装错误可向承印厂调换

目录

"中国佛教"石窟的圣地　　001
"永平求法"背后的故事　　002
佛寺丛林制度的中国化　　003
佛教与皇权的完美结合　　006
佛教文化艺术的中国化　　009
中国石窟5—8世纪最杰出的代表　　012

经典洞窟巡礼　　021
第20窟（潜溪寺）　弥陀静穆，菩萨端雅　　024
◎不可错过　藏宝华山，扬名龙门的陈传碑　　026
◎不可错过　动感十足，怒怒夸张的金刚力士　　029
◎不可错过　皇帝灭佛与盗凿谋利的生动诠释　　029

宾阳三洞　中原风格　润泽全国　　　　　　　　　　　　　　　*031*

- ◎不可错过　宾阳中洞皇帝、皇后礼佛图　　　　　*036*
- ◎不可错过　伊阙佛龛之碑　　　　　　　　　　　*046*
- ◎不可错过　正壁阿弥陀佛　　　　　　　　　　　*052*
- ◎不可错过　第312窟优填王像　　　　　　　　　　*053*

第403窟（敬善寺）　太妃造像　神王风采　　　　　　　　　　*054*

- ◎不可错过　北壁神王像　　　　　　　　　　　　*057*
- ◎不可错过　杜法力造像龛　　　　　　　　　　　*057*

第435龛（摩崖三佛龛）　皇权与神权的诠释　　　　　　　　　*060*

- ◎不可错过　新罗像龛　　　　　　　　　　　　　*061*

第521、522窟（双窑）　唐风双窟　　　　　　　　　　　　　　*063*

- ◎不可错过　道教造像龛　　　　　　　　　　　　*067*
- ◎不可错过　武周新字　　　　　　　　　　　　　*067*

第543窟（万佛洞）　净土世界，众生平等　　　　　　　　　　*068*

- ◎不可错过　万佛洞题记　　　　　　　　　　　　*072*
- ◎不可错过　万佛洞供养人像　　　　　　　　　　*072*
- ◎不可错过　许州仪凤寺比丘尼造像龛　　　　　　*075*
- ◎不可错过　行香上座造像　　　　　　　　　　　*077*
- ◎不可错过　药师佛　　　　　　　　　　　　　　*077*

第557窟（清明寺）　关中黎民在龙门的集中造像地　　　　　　*080*

- ◎不可错过　比丘尼八正造像龛　　　　　　　　　*081*

| ◎不可错过　清明寺雍州人造像龛 | *084* |
| ◎不可错过　狮子像 | *084* |

第565龛（惠暕洞）　弥勒佛形象的圭臬之作　　*086*

◎不可错过　第613龛地藏像	*088*
◎不可错过　第661龛姚秦后裔造像	*088*
◎不可错过　第660窟慈香慧政造像记	*091*

第669窟（老龙洞）　未解的开窟之谜　　*092*

◎不可错过　老龙洞供养人像	*094*
◎不可错过　老龙洞狮子和夜叉像	*097*
◎不可错过　七佛、三十五佛等题名造像龛	*097*

第712窟（莲花洞）　清净莲花，千龛竞秀　　*100*

◎不可错过　宋景妃造像龛	*106*
◎不可错过　莲花洞北壁敷彩龛	*108*
◎不可错过　王位相让、树下思惟佛传故事	*109*
◎不可错过　赵岩碑	*111*
◎不可错过　张世祖造像龛	*114*
◎不可错过　造窟碑	*114*
◎不可错过　莲花洞外北魏佛塔	*116*

第883号（石牛溪）　地质年代的溶洞，百年的斧凿　　*116*

| ◎不可错过　修路碑 | *118* |

第1034窟（普泰洞）　形象直观的开凿流程　　*119*

| ◎不可错过　普泰洞北壁大龛 | *120* |

第1038窟（赵客师洞） 北魏建房，唐代鸠占鹊巢   *122*

◎不可错过 赵客师洞东壁造像龛   *123*

第1069窟（破窑） 天衣无缝隋唐造像衔接   *125*

◎不可错过 破窑西壁道王造像龛   *128*

◎不可错过 破窑北壁小龛   *132*

◎不可错过 交脚弥勒像龛   *132*

◎不可错过 伎乐天特写   *134*

第1181窟（魏字洞） 比丘尼造像集聚之所   *135*

◎不可错过 观音佛造像龛   *135*

第1192窟（唐字洞）   *138*

◎不可错过 唐字洞阿育王像龛   *138*

◎不可错过 僧璨像龛   *141*

第1220龛   *143*

◎不可错过 宋代造像   *143*

第1280龛（奉先寺） 中国雕刻艺术巅峰之作   *144*

◎不可错过 奉先寺卢舍那大佛   *145*

◎不可错过 奉先寺弟子阿难   *148*

◎不可错过 奉先寺文殊、普贤二菩萨像   *148*

◎不可错过 奉先寺神王、力士像   *148*

◎不可错过 奉先寺立佛像   *152*

◎不可错过 远眺奉先寺   *153*

第 1394 窟（党屈蜀洞）   *155*

  ◎不可错过　党屈蜀洞刘宝睿造像龛   *156*

  ◎不可错过　六狮洞狮子像   *156*

第 1504 窟（北市丝行像龛） 商业行会造像之一   *158*

  ◎不可错过　北市丝行像龛西壁背光   *160*

第 1419 龛（北市香行像龛） 商业行会造像之二   *162*

  ◎不可错过　北市香行像龛外北壁题记   *163*

第 1443 窟（古阳洞） 无与伦比的精华所在   *165*

  ◎不可错过　高树龛   *177*

  ◎不可错过　龙门二十品   *178*

第 1387 窟（药方洞） 因药方而成名   *180*

  ◎不可错过　药方洞石刻药方   *182*

  ◎不可错过　道兴造像龛   *184*

第 1519 窟（火烧洞） 与火无关的洞窟   *186*

  ◎不可错过　火烧洞窟楣   *186*

  ◎不可错过　火烧洞西壁胡智造像龛   *188*

第 1609 窟（皇甫公窟）   *191*

  ◎不可错过　皇甫公窟北壁和南壁礼佛图   *195*

  ◎不可错过　皇甫公窟地面   *197*

  ◎不可错过　皇甫公窟北壁插花   *198*

第 1628 窟（八作司洞） 最美伎乐像所在　　　　　200
　◎不可错过　八作司洞舞伎像　　　　　　　　　201
　◎不可错过　八作司洞乐伎像　　　　　　　　　202
　◎不可错过　张氏瘗窟　　　　　　　　　　　　204

第 1787 窟（路洞） 另类的北魏洞窟　　　　　　205
　◎不可错过　路洞降魔变　　　　　　　　　　　209
　◎不可错过　路洞屋形龛　　　　　　　　　　　211
　◎不可错过　飞天像　　　　　　　　　　　　　211

第 1896 窟（北市彩帛行净土堂） 商业行会造像之三　211
　◎不可错过　九品往生图　　　　　　　　　　　214

第 1931 窟（龙华寺） 盛唐气象下的石窟造像　　　216
　◎不可错过　力士像脚部特写　　　　　　　　　219
　◎不可错过　龙华寺外狮子像　　　　　　　　　219

第 1955 窟（极南洞） 名相姚崇之家庙窟　　　　　221
　◎不可错过　极南洞力士像　　　　　　　　　　223
　◎不可错过　极南洞右壁狮子　　　　　　　　　223
　◎不可错过　1881 号佛塔　　　　　　　　　　　225

第 2050、2055、2062 窟（擂鼓台三洞） 龙门东山石窟的开山之作　　　　　　　　　　　　　　　　　　　　　227
　第 2050 窟（擂鼓台南洞）　　　　　　　　　　230

第 2055 窟（擂鼓台中洞）	233
◎不可错过　擂鼓台中洞"一切诸佛"字样	237
第 2062 窟（擂鼓台北洞）	238
◎不可错过　洞窟外西域僧人浮雕	238
第 2132 龛（千手千眼观音像龛）	241
第 2139 龛（西方净土变）	244
◎不可错过　菩提树叶、乐器及琵琶雕刻	245
第 2144 窟（高平郡王洞）　小龛造像变洞窟	246
第 2169 龛（卢徵造像龛）	249
第 2194 窟（看经寺）	251
◎不可错过　看经寺第 29 尊罗汉像	264
◎不可错过　看经寺窟顶飞天像	265
第 2220 窟（四雁洞）	268
第 2211、2214 窟（二莲花洞）	269

"中国佛教"石窟的圣地

洛阳,位于河南省西部,黄河南岸的伊洛盆地,四面环山,伊洛瀍涧四条河流穿行其间,形势险要,"河山控戴,形胜甲于天下"。以古都洛阳为中心形成的黄河、洛河地区的文明,称之为河洛文化。她是灿若星河的中华文明中的核心文明,是发源地,也是中华文化形成、发展、繁荣的中心区域,在中华民族传统文化的发展弘扬中具有举足轻重的地位。儒学奠基于此,道学溯源于此,佛学首传于此,魏晋玄学兴盛于此,宋明理学开创于此,所谓"若问古今兴废事,请君只看洛阳城"(司马光语)。源自古代印度的佛教文化,经过西域(新疆)、河西走廊的漫漫长路进入中原北方地区,其首传之地即在东汉都城——洛阳,中国第一座官办寺院——白马寺创建了。由此,佛教开启了与中国传统文化漫长的融合之旅(图1)。

图1 白马寺外景

"永平求法"背后的故事

佛教究竟何时传入中土?这个问题一直备受关注,且学术界研讨颇多。四川出土摇钱树上的佛像和墓室中的壁画、画像石,湖北出土的青瓷佛像,以及铜镜、魂瓶或谷仓罐等器物上的具有佛教因素的形象或图案均表明,此时的佛教还没有作为独立的宗教而存在。《后汉书·楚王英传》记载楚王英"更喜黄老,学为浮屠斋戒祭祀"。对此汉明帝下诏,认为楚王刘英"诵黄老之微言,尚浮屠之仁祠",予以褒

图2 （传）汉明帝陵外景

奖。证明了佛教当时是附庸于本土鬼神方术的。东汉永平年间（58—75），汉明帝刘庄"夜梦金人"并遣使蔡愔、秦景求取佛经的记载表明了佛教文化作为域外文明的传入被官方认可，并开始融入中华文化。对佛教文化传入的态度，也充分体现了中华民族文化情怀的博大与宽容（图2）。

佛寺丛林制度的中国化

佛教在发展过程中必然与中国的传统文化发生碰撞、交融、创新和传播，适应当时中国的社会现实成为必然。正是佛教丛林制度的逐步修正，为后续发展提供了依据和依靠。这主要表现在两个方面：其一，允许国民出家修行。佛教传入中原之初，是不允许中土国民出家修行的，只是准予域外僧人传法布道。那么，佛教的发展壮大自然成了无根之木、无源之水。皮之不存，毛将焉附？直到三国曹魏时，中国才产生了第一位出家人，逐步迎来佛教的大发展。朱士行（203—282），颍川（现河南许昌）人，又称朱子行、朱士衡。他是我国最早出家之僧，也是最早往西域求法之僧，以弘法为己任，致力于经典之研究，曾于魏甘露二年（257）在洛阳讲说《道行般若经》，为我国最早之讲经说法者。正是因为佛教信仰人口的增加，作为供养者、倡导者或者参与者，石窟寺开凿的景象才得以出现。

其二，佛寺建筑布局的中国化。古印度的佛教寺院布局主要有两种表现：第一，支提窟，即在洞窟内后部置塔，前部设定为礼拜的空间（图3）；第二，以窣堵坡（覆钵式塔）为中心而建（图4）。两者均是以佛塔为寺院的中心。传入中土后寺院中开始出现佛殿建筑与佛塔共存的布局，并逐渐转变为以佛殿为中心的样式，在建筑布局上出现中轴线（图5）。具体到石窟中的表现是：支提窟演变为中心柱

图 3 印度支提窟

图 4 桑奇大塔

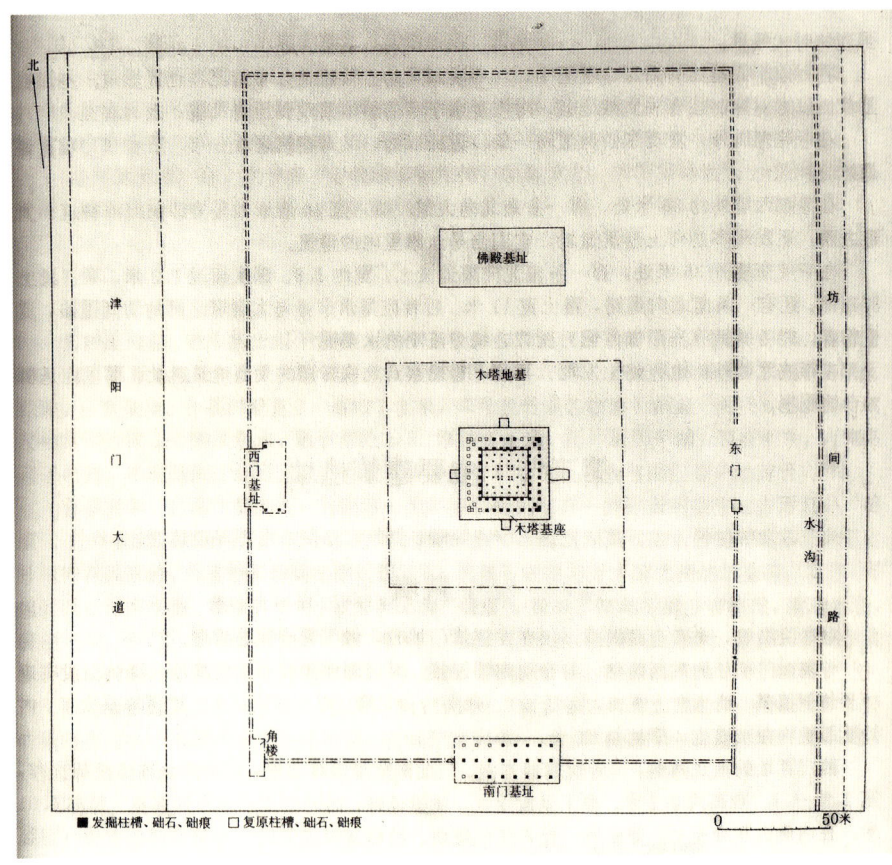

图5 永宁寺遗址平面图（采自《北魏洛阳永宁寺》）

窟，并最终消失，大量出现佛殿窟。

佛教与皇权的完美结合

释道安为东晋佛教（我国初期佛教急剧发展之时代）

之中心人物。常山扶柳（现河北正定）人，俗姓卫。他出生于东晋永嘉六年（312），另一说法是建兴二年（314）。12岁出家为僧，聪敏睿智、潇洒飘逸，通过研习经论，对佛教义理的认知理解达到了超凡脱俗的境界。他首先拜高僧佛图澄为师学习佛教理论。十六国时期，随着北中国的天下大乱，跟随老师佛图澄辗转避乱于四方，在湖北襄阳讲说教化15年之久。前秦苻坚久闻他的盛名，率兵攻取襄阳，迎接他到首都长安五重寺，以师礼而待之，直到太元十年（385）圆寂。其一生功业，在中国佛教发展史上贡献至巨。其成就主要表现在：

首先，道安着手整理佛教汉译经论，编成《综理众经目录》一书。所作目录等虽然失传不存，但是后来成书的《出三藏记集》就是根据他的著作续编而成。

其次，致力于佛教经典的翻译，及诸多佛经的序文和注释。一共注序22部，将经典解释分为序分、正宗分、流通分共三科。这种方法一直延用至今。

再次，佛教僧团的仪式、行规、礼仪等方面，基本上都由他创立，并且定下了出家僧人均姓释的规则，并为后世所准，延用至今。其研究以般若经典为主，另又精通阿含、阿毗达摩，开经文批判之先河。

鉴于中国佛教的发展现状，道安最早发出了"不依国主，则法事难立"的感慨。这是对外来文化应如何在中央集权制的国度发展壮大的切肤之言。

释法果，北魏僧。赵郡（现河北赵县）人。年届四十方始出家，修持佛法戒行精至，并开演经典，久负盛名。北魏皇始（396—397）年间，受太祖道武帝拓跋珪诏赴首都平城（今山西大同），后任道人统，统领僧众。每次与皇帝商议国家大事，都是心意相通，有相见恨晚之意，受到了丰厚的供给和赏赐。太宗明元帝拓跋嗣永兴年间（409—413），先后被授以"辅国""宜城子""忠信侯""安成公"的封号，均被婉言谢绝。泰常（416—423）年间圆寂，世寿80岁。明元帝曾三次亲临吊唁，并追赠为"老寿将军""赵胡灵公"。

古印度佛教一直以不礼拜国王为传统，法果于中国佛教发展的最大贡献是首倡"太祖（皇帝）明睿好道，即是当今如来"，"能鸿道者人主也，我非拜天子，乃是礼佛耳"。释法果的革命性一跪，得到了当朝天子的认同，完成了神权与王权的完美融合，解决了佛教在中国大发展的最大障碍。

"上（皇帝）既崇之，下弥企尚"，在皇权的积极倡导之下，佛教在中国开启了大发展的帷幕，也迎来石窟寺的繁荣和强盛。

佛教文化艺术的中国化

佛教文化重要表现的载体——石窟艺术从传入中国的那一刻起,就启动了中国化的进程。由西方因素居多的形象逐步融入中土文化元素,到中国佛教的完全形成,从以下三个方面的变革即可窥见一斑。

第一,佛像由刚健勇猛转向柔弱宁静。云冈第20窟大佛所表现出的面相饱满圆润,身躯健硕刚猛,双臂与身体之间现出三角形的空间,给人一种力拔山兮气盖世的力度之美,无不透露出或多或少的古印度佛像气息。反观龙门石窟宾阳中洞的主佛像,面相方圆和善,衣褶繁复重叠,双臂贴体内收,尽显中土士人的宁静幽远,这种变化正是佛教文化艺术中国化的最好诠释。

第二,菩萨像的男性化转向柔美曼妙女性化。从悠远广阔的西域到中西交流孔道的河西走廊,灿若繁星的石窟寺中的菩萨造像身体劲健,脸上刻有胡须,洋溢着男性的阳刚之美,进入中原后,逐步变换成身体曼妙婀娜,面相圆润慈善,浑身上下完全表现出女性的柔性和善。这种变化正是顺应了中国传统文化中女性和母爱力量的另类展现。

第三,佛衣出现中国特色的褒衣博带式袈裟。佛教传入之初，佛衣一般为裸露右肩的袒右式袈裟，或者遮覆双肩的通肩式袈裟，明显含有西式的风格，自从北魏晚期孝文帝开始实施的全面汉化政策后，佛像着装同时进入大变革，最终完全形成了具有本土化的褒衣博带式袈裟，呈放射状影响四面八方。

隋唐之际，经历漫漫400余年，最终促成了佛教完全的中国化进程，完成了"中国佛教"的确立。

作为佛教文化艺术的代表，龙门石窟这一宝藏见证了石窟寺艺术中国化的发展历程，无愧于中国佛教石窟的圣地。

龙门石窟景区占地近11平方千米，这里青山对峙，壁立千仞，伊河从中缓缓流淌，两岸飞瀑流泉，溪流淙淙，山上布满各种林木，繁茂昌盛，宛若人间仙境。雕刻于伊河两岸悬崖峭壁上的龙门石窟，是中国石窟乃至世界石窟的典范之作，是绚烂多姿、气势壮美的艺术篇章。她始凿于北魏孝文帝迁都洛阳前后，历经东魏、西魏、北齐、隋、唐、五代、宋、明诸朝，凡400余年。其中北魏和唐两个时期最为兴盛，是石窟艺术中的翘楚之作。东西两山石窟造像以数量之多，规模之大，题材多样，雕刻美轮美奂，内涵丰富而享誉中外。一般说来，龙门石窟的开凿大致分四个阶段：

北魏时期为第一阶段。时间大约自太和七年至永熙三年

（483—534），这是龙门石窟开窟造像的第一个高潮。以第1443窟（古阳洞）的开凿为标志，拉开了龙门造像的帷幕。这一时期开凿的主要洞窟有：古阳洞、宾阳中洞、火烧洞、莲花洞、魏字洞、普泰洞、皇甫公窟、路洞、药方洞等。除此之外，还有大量的小龛造像，它们全部分布在西山的崖壁上，其雕造数量约占龙门石窟总数的十分之三。

第二阶段是东魏至唐高祖年间，包括西魏、北齐、隋等诸朝（534—626）。这一时期是龙门石窟雕造的低潮。东魏、西魏、北齐时期，洛阳成为战争纷起、兵戎相见的战场，千里沃土变成了兵匪出没的蒿艾荒野，百姓颠沛流离，生活在极度恐慌之中，正规有序的造像只能成为意想中的海市蜃楼。此时的雕造活动仅是在前代的窟龛中择隙营造一些小型的龛像，且数量很少，直到隋朝和唐高祖年间，这种情形仍在延续。

第三阶段是唐太宗至唐玄宗时期（626—755），这是龙门石窟的第二次造像高潮。此时佛教发展呈现盛势，中国式佛教完全形成，同时龙门开窟造像活动达到极盛，雕造题材和雕刻技艺等方面也达到了空前绝后的程度，其中奉先寺的雕造是最杰出的代表。这一阶段的代表洞窟有：潜溪寺、宾阳北洞、宾阳南洞、敬善寺、万佛洞、惠暕洞、八作司洞、龙华寺、极南洞、看经寺、高平郡王洞、擂鼓台三洞等。这也是龙门石窟造像最多，艺术成就最高的一个阶段。这一时期的造像数量占龙门石窟总数的十分之六。

第四阶段是龙门开窟造像的衰落期，即唐肃宗至宋代。由于安史之乱和以后政局不稳，以及全国政治、经济、文化中心的他迁，龙门石窟造像走向衰落，迨至明清，所开龛像堪称寥寥，直至绝迹。

如此的形胜之地，如此丰富的人文景观。1961年，龙门石窟被国务院公布为全国重点文物保护单位，1982年被评为全国风景名胜区，2000年被联合国教科文组织列入世界文化遗产名录，2006年被授予全国文明风景旅游区，美誉有加。

中国石窟 5—8 世纪最杰出的代表

第一，龙门石窟是中国最伟大的古典艺术宝库之一。

龙门石窟两山现存窟龛2300多个，雕像近11万尊，碑刻题记2800多品。两山造像依岩开凿，窟龛密如蜂房，南北绵延1千米。整个石窟规模宏大，气势磅礴，雕刻精湛，内容丰富，被誉为最伟大的古典艺术宝库之一。其造像之多、规模之大,在我国石窟中首屈一指。无论您从事何种职业,从事何种研究,在这里都可以找到坚实的支撑,唤起人们诸多的回忆与联想(图6)。

第二,龙门石窟的艺术特征变革及影响:龙门石窟远承古代印度石窟艺术,近继云冈石窟风范,与魏晋洛阳和南朝深厚的历史文化水乳交融,孕育出具有中国化、世俗化的石窟艺术。北朝石窟造像表现出一种秀骨清像、潇洒飘逸的清新风格,并且富有生机、健康和力度的中原风格,是中国石窟样式的重要代表,也是中原风格的完美体现(图7)。唐代国力强盛,经济发达,以丰满健壮、雍容华贵为美,成为当时的审美时尚,显示出雄健生动而又纯朴自然的写实作风。龙门石窟造像逐渐演变为面相丰满圆润、体躯丰腴端丽,形态健壮典雅的风格,达到了中国雕刻史上的最高峰(图8)。

第三,龙门石窟的碑刻题记是一部涵盖多种学科的"石史"。

据统计:龙门石窟的碑刻题记2840余品,多达30余万字,其数量居世界石窟之冠,内容主要是出资开窟造像功德主的发愿文。功德主上至皇亲国戚,下至达官贵人、文人学士、平民百姓、僧侣信士等各个阶层,甚至还有外国的信徒。

图6 龙门石窟西山全景

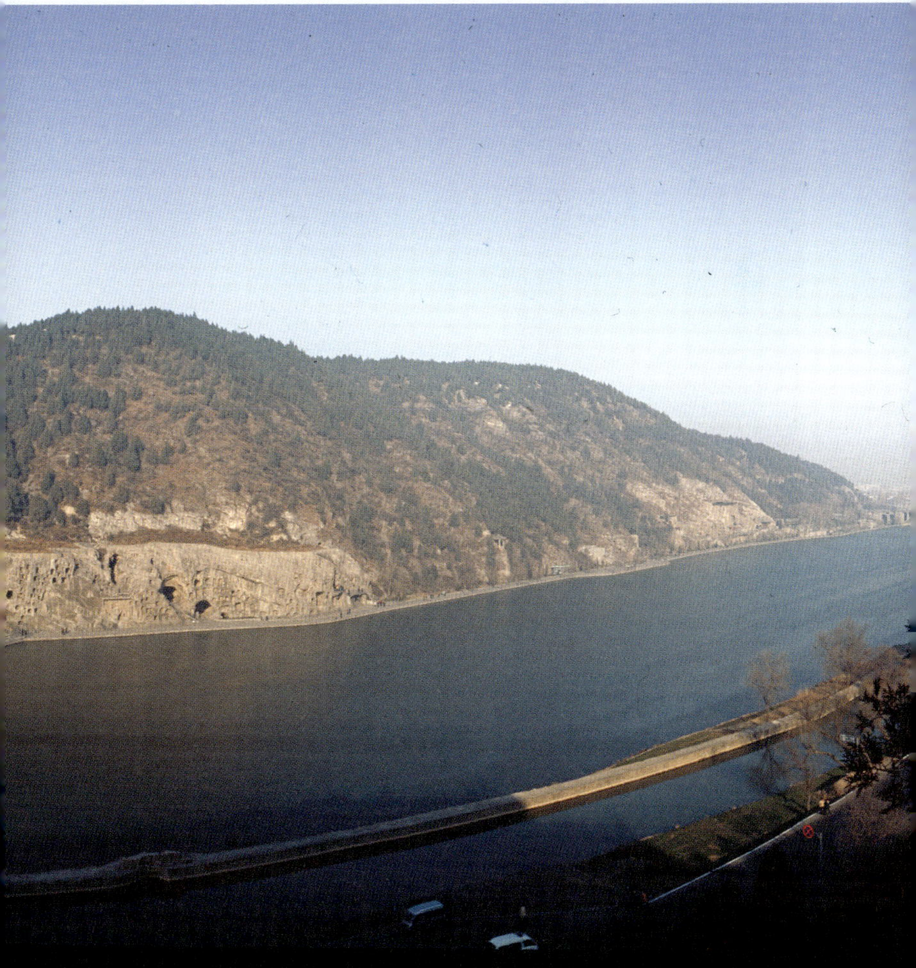

图7 宾阳中洞正壁主佛特写

图 8：奉先寺卢舍那大佛

这不仅是龙门石窟历史沿革的文字记录，也是一部涵盖多学科的石刻史料，涉及政治、经济、军事、宗教、地理、民族、姓氏、民俗、艺术、医药、中外文化交流等领域，具有补史之阙、正史之误的重要价值。这些碑刻题记也被书法家们推崇，最著名的有"龙门廿品"和"伊阙佛龛之碑"等，被称为"龙门体"而享誉中外。其中"龙门廿品"字形端正大方、气势刚健质朴，结体、用笔在汉隶和唐楷之间，既保留着隶书的遗风，又孕育了唐楷新体的因素，不但是北魏时期书法艺术的精华之作、魏碑书法的代表作，也是极具研究价值的珍贵史料。清代学者康有

图9 古阳洞始平公造像记拓片

为曾大力提倡整个社会书写要用魏碑体,并在《广艺舟双楫》中赞誉魏碑"十美":"一曰魄力雄强,二曰气象浑穆,三曰笔法跳越,四曰点画峻厚,五曰意态奇逸,六曰精神飞动,七曰兴趣酣足,八曰骨法洞达,九曰结构天成,十曰血肉丰美,是十美者,唯魏碑、南碑有之。"(图9)

第四,龙门石窟具有石窟艺术中典型的皇家风范。

龙门石窟是北魏、唐代皇家贵族发愿造像最集中的地方,是皇家意志和行为的具体体现,也是皇家政治与佛教关系的晴雨表,具有浓厚的国家宗教色彩。宾阳洞为北魏宣武帝开凿,奉先寺为唐高宗所建。这些造像实际上就是在"令如帝身"思想的具体表现,在此,佛陀与皇帝,宫廷与神殿达到了形神合一。其兴衰嬗变,在一定程度上反映了中国历史上的风云变换和经济发展。

第五,龙门石窟是佛教众多宗派的集成。

佛教在中国的发展于唐代达到顶峰,各个宗派争奇斗艳,竞相发展,龙门石窟的造像也集中反映了这一历史现象。优填王造像与法相宗,净土堂与净土宗,奉先寺与华严宗,看经寺与禅宗,千手千眼观音龛与密宗,地藏菩萨像与三阶教等,均是各个佛教宗派的代表造像。这种现象在全国石窟中极为罕见,反映了龙门石窟在当时的全国中心地位,为研究

图10 千手千眼像

造像题材、宗派活动提供了翔实的实物资料（图10）。

世界遗产委员会如此评价龙门石窟："龙门地区的石窟和佛龛展现了中国北魏晚期至唐代（493—907）期间，最具规模和最为优秀的造型艺术。这些翔实描述佛教宗教题材的艺术作品，代表了中国石刻艺术的最高峰。"

经典洞窟巡礼

沿着龙门石窟的旅游线路，让我们穿越时空隧道，伴随着如诗如画的山水美景，或者停留在北魏钟磬和鸣的佛国世界，或者身处在隋唐盛世前的血雨腥风之中，或者徜徉在盛唐的和谐繁荣里，共同品鉴龙门石窟的诸多光辉灿烂。接下来的篇章里，不可错过的龙门精彩将会展现在您的眼前。

龙门石窟位于洛阳城南约5千米的伊河两岸。这里两山对峙，伊水中流，形似门阙，古称"伊阙"。公元604年，隋炀帝杨广曾登临洛阳北面的邙山，远远望见洛阳南面的伊阙说："此非龙门耶，自古何因不建都于此？"大臣苏威答道："自古非不知，以俟陛下！"隋炀帝听后龙颜大悦，在洛阳创建了隋朝的东都城，把皇宫的正门正对伊阙，从此伊阙便改称为"龙门"。龙门石窟就开凿在这山水相依的峭壁

图 11 远眺伊阙

间,"龙门山色"也成为洛阳八景(龙门山色、马寺钟声、邙山晚眺、金谷春晴、铜驼暮雨、平泉朝游、天津晓月、洛浦秋风)之首(图 11)。

进入景区后首先看到的是龙门桥,它是一座三孔空腹式石拱桥,中孔跨度 90 米,两侧孔跨度各 60 米,大桥全长 303 米,是仿照我国隋代赵州桥而建造的。它横跨伊河两岸,连接东、西两山,于 1960 年开工,1962 年竣工,陈毅元帅为大桥题写"龙门"二字。为避免粉尘、震动等因素对石窟造成伤害,也为了更好地保护龙门石窟,如今,这座曾经车水马龙的公路桥变成了游人如织的观赏桥(图 12)。

图 12　龙门拱桥

　　龙门地区为喀斯特地貌，且有着丰富的泉水资源，如珍珠泉、牡丹泉、老龙窝等。禹王池就是龙门著名的泉眼之一，为纪念大禹治水而得名。三皇五帝时期，黄河泛滥，鲧、禹父子二人受命于尧、舜二帝，负责治水。大禹从鲧治水的失败中吸取教训，改"堵"为"疏"，采用了"高处就凿通，低处就疏导"的治水思想。相传，大禹曾用此法疏通伊河，凿通龙门，形成两壁对峙之势，洪水一泻千里，向下游奔流而去（图 13）。

图 13　禹王池

第 20 窟（潜溪寺）　弥陀静穆，菩萨端雅

　　潜溪寺，位于龙门西山北半部，南邻宾阳北洞，是唐初开凿的一个大窟，平面方形，穹隆顶，高 9.7 米、宽 9.45 米、深 6.72 米，造一佛二弟子二菩萨二神王。主尊阿弥陀佛，通高 7.38 米，高肉髻，波状发纹，面相长圆，方额广颐，颈部有三道蚕纹，着双领下垂袈裟，内着僧祇支，胸前束带作结，左手平伸置于膝上，右手上举，衣褶垂于座前，结跏趺坐于方台座上（图 14）。弟子像头残，左侧弟子双手合十于胸前，右侧弟子持香炉于胸前，均立仰覆莲束腰圆台上。

图 14　第 20 窟（潜溪寺）主佛像

二菩萨上身袒露,斜披络腋,肩搭帔帛,下着长裙。桃形头光,戴花蔓冠(左侧饰化佛,右侧为净瓶)。佩项圈、腕钏,胸束宽带,双根璎珞腹前穿"涡纹"璧。左侧观音菩萨左手提瓶垂体侧,右手执麈尾搭肩;右侧大势至菩萨左手持物胸前,右手提物垂体侧,均立仰覆莲束腰圆台上。神王像圆形头光,戴冠,一手置胸前,一手垂体侧,均着铠甲立药叉上。窟顶雕刻莲花藻井。

◎不可错过 藏宝华山,扬名龙门的陈抟碑

全称为"陈抟十字卷碑",位于潜溪寺窟外南侧,上刻"开张天岸马,奇逸人中龙",是北宋道教哲理大师陈抟的墨宝。此墨宝原书于卷上,藏于华山,但在宋真宗时期被盗,后辗转流失。清代同治年间,河南知府陈肇镛恐卷易毁,于是请嵩山僧智水将其摹刻于石碑上,并置于龙门。此碑高0.68米、宽2米。据《史记·老子韩非列传》记载,孔子到洛阳向老子求教礼乐制度时(即孔子入周问礼),称赞老子"至于龙,吾不能知其乘风云而上天,吾今日见老子,其犹龙邪"!可见,这10个字应是陈抟赞颂道家鼻祖老子的,也是他自命不凡的写照。其中"开张",是展开、开阔的意思;"天岸马"即指《山海经·北山经》和《史记·大宛传》中所谓

的神马、天马；"奇逸"，指潇洒飘逸、与众不同，强调其不寻常的美好；"人中龙"，就是人中之龙、人中豪杰。

这方碑刻，字如其意，笔法豪放潇洒、浑厚奇伟，具有独特的风格。其书法吸收篆隶真草的某些特点，减画变形，出奇制胜。如"岸""龙"各减一画，"中"字重心下移，敢于破除通常字体的结体、用笔，字体潇洒豪放，独具一格。清末康有为就非常欣赏陈抟的书法（图15）。

图 15　陈抟碑

图 16 第 29 窟右力士像

◎不可错过　动感十足，忿怒夸张的金刚力士

29号窟高3.42米、宽3.50米、深3.38米，马蹄形平面，穹隆顶，窟内造一佛二弟子二菩萨二神王二狮子，可惜的是：窟内造像均存残迹。窟门外两侧各存一力士像，右侧力士像竖眉凸起，怒目圆睁，高颧骨，张口作怒吼状。右手握拳于肩部，左手置于身前，胯部右送，上身左倾，动感十足，着禅裙立山石上，堪称龙门唐代力士像中的精品（图16）。

◎不可错过　皇帝灭佛与盗凿谋利的生动诠释

图中画面是63号窟外力士像及洞窟右侧区域的小龛群，力士像头部缺失，存有明显的盗凿痕迹，旁边小龛造像的头部都遭遇砸毁。这种造像残缺不全，令人扼腕叹息的场面在龙门石窟屡见不鲜。龙门石窟的破坏主要分为自然破坏和人为破坏。自然破坏主要包括有风化、岩体坍塌、洞窟渗漏水等。

人为破坏的主要原因是蓄意毁坏和盗窃。在中国历史上，由于佛教与统治者之间的矛盾，以及佛道之争等原因，造成了"三武一宗"四次灭佛运动。"三武一宗"指北魏太武帝、北周武帝、唐武宗、后周世宗。龙门石窟经历了后两次灭佛运动的劫难。元代诗人萨都剌（字天锡）在《龙门记》中写道："然诸石像旧有裂衅，及为人所击，或碎

图 17　第 63 窟外立面雕刻

首，或损躯，其鼻、其耳、其手足，或缺焉……鲜有完者。"由此便知元代时的龙门石窟已经被破坏得十分严重。20 世纪初，西方学者对中国石雕艺术的热切关注和研究，使得龙门石窟逐渐被世界认识和熟知。同时也勾起了非分之徒的觊觎之心，由于当时战乱等现状，龙门石窟没有受到很好的保护和管理，给了那些国际文化强盗、奸商和民族败类可乘之机。在 20 世纪 20 年代至 40 年代，他们相互勾结，通过订立非法合同，实施盗凿、运输、销售的卑鄙伎俩，对龙门石窟进行大肆盗窃。根据 1965 年龙门石窟研究院的调查统计，这期间龙门石窟被盗凿共计 720 多处，造成龙门石窟众多佛教造像"身首异处"的惨状（图 17）。

宾阳三洞　中原风格　润泽全国

宾阳三洞是第104窟（宾阳北洞）、第140窟（宾阳中洞）、第159窟（宾阳南洞）的总称，是见诸正史记载的大型皇家洞窟。"宾阳"之名始于明清之际，清代洛阳县令武攀龙在《重修宾阳洞碑记》中说"寻为宾阳，盖取寅宾出日之义"，宾阳就是迎接初升的太阳。其中中洞、南洞是宣武帝为其父母做功德而建，北洞是宦官中尹刘腾为宣武帝而增加开凿的。《魏书·释老志》记载："景明初，世宗诏大长秋卿白整准代京灵岩寺石窟，于洛南伊阙山，为高祖、文昭皇太后营石窟二所。初建之始，窟顶去地三百一十尺。至正始二年中，始出斩山二十三丈。至大长秋卿王质，谓斩山太高，费工难就，奏求下移就平，去地一百尺，南北一百四十尺。永平中，中尹刘腾奏为世宗复造石窟一，凡为三所。从景明元年至正光四年六月已前，用功八十万二千三百六十六。"

从景明元年（500）至正光四年（523）六月以前，工程耗时24年之久，原本计划开凿的三所洞窟，最终因北魏晚期政治动荡等原因，只完成了宾阳中洞，南北两洞未完工（图18）。

宾阳中洞高9.3米、宽11.4米、深9.85米，洞内造像

图 18　宾阳三洞外景

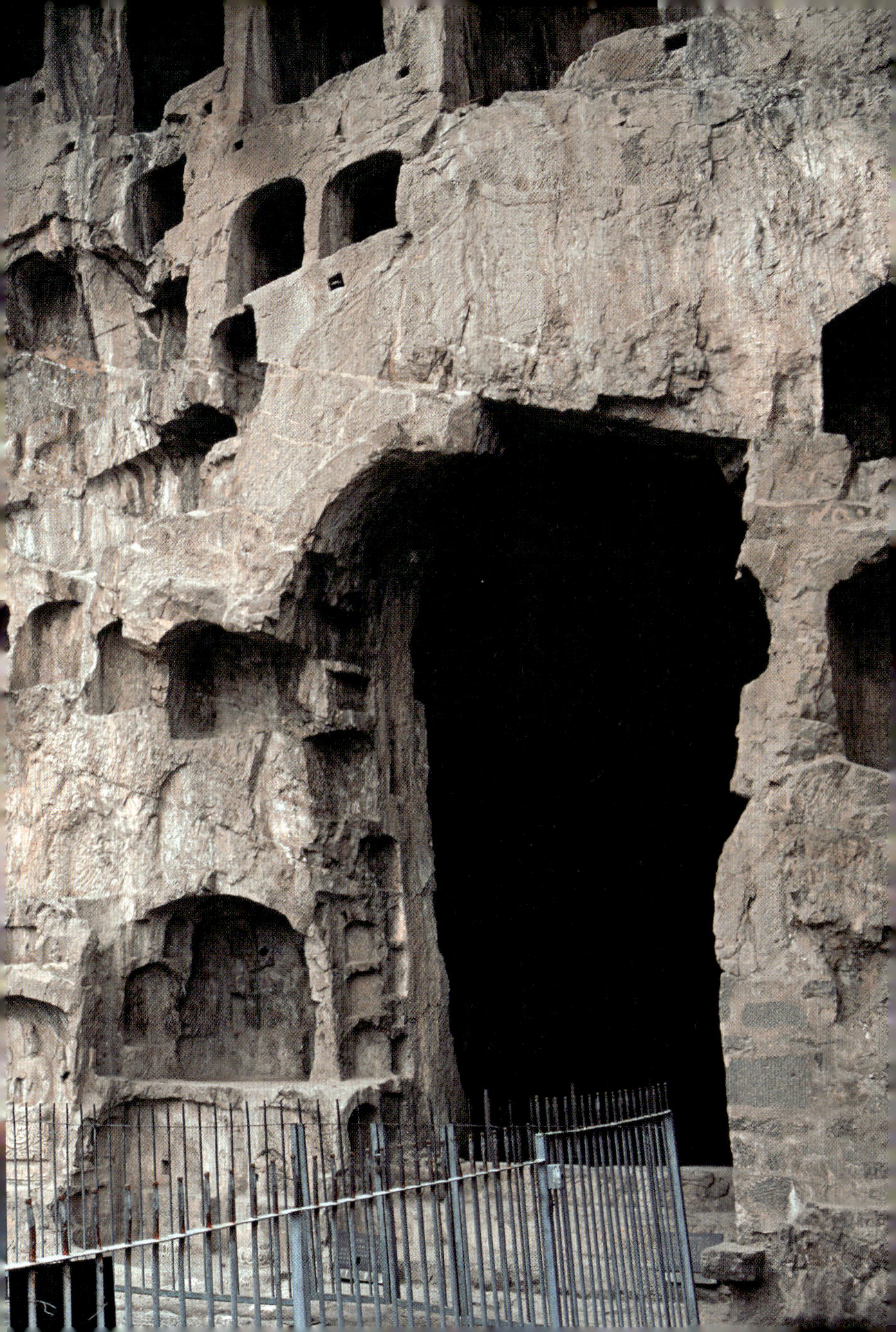

图 19-1　宾阳中洞正壁

为北魏时期常见的"三世佛"题材。正壁主尊释迦牟尼,通高 6.45 米,头顶为涡旋纹高肉髻,面相长圆,双眉呈弧形,双眼纤细,鼻梁高直,嘴角上翘,脖颈修长,体态清瘦,庄严中透出几许慈祥,更具亲和感。这种风格上的变化,显然是孝文帝推行汉化政策的结果。汉化改革不仅表现在佛像面容上,同时也体现在佛像的服饰上。他身着汉式褒衣博带袈裟,袈裟衣褶层叠稠密,覆盖了整个方形台座。这种吸收了汉民族文化而形成的佛教造像,对当时全国石窟造像产生了极大影响。这种风格一经形成便迅速风靡全国,成为南北统

图 19-2　宾阳中洞正壁造像

一的时代风格。中国石窟艺术最终以洛阳龙门的"中原风格"完成了中国化的过程。两侧为弟子迦叶和阿难，是龙门北朝石窟中保存比较完整的弟子像。大弟子迦叶双手合十、神情肃穆，小弟子阿难嘴角微翘、面露笑意、温顺虔诚。弟子外侧为文殊、普贤二菩萨，头戴莲花宝冠，身饰华丽璎珞，表情亲切富有人情味（图19-1、图19-2）。北壁是以过去佛为中心的一佛二菩萨三尊立像。南壁是以未来佛为中心的一佛二菩萨三尊立像。这些造像皆面容清秀、目光和悦，身着宽袍大袖式衣衫，显示出一系列中原风格的特点。

宾阳中洞窟顶类似蒙古包状的穹隆顶，是鲜卑游牧民族风格的体现。从建筑学角度来讲，穹隆顶也有利于窟顶压力的分散。穹顶中部为一重瓣莲花宝盖，环绕在莲花周围共有8身体态各异的飞天，手持磬、排箫、筝、铜钹、笙、阮和细腰鼓等乐器，周边绕以侧莲及宝珠纹，外侧装饰有垂鳞纹、三角垂帐纹以及流苏，装饰华丽，烘托出天乐震响的热烈气氛（图20）。

宾阳中洞的窟楣为浅浮雕的尖拱火焰纹，中间刻兽头，拱端为二龙回首，下各雕一石柱，柱头由三部分构成，上部有一柱帽，中部是一朵含苞待放的莲花，下部石柱雕刻的风格为古希腊爱奥尼亚式。这样的建筑形式通过中西方文化的交流进入了中原地区，由此便可窥见石窟艺术展现了内涵丰富的"丝路文化"（图21）。

◎**不可错过　宾阳中洞皇帝、皇后礼佛图**

宾阳中洞前壁内侧自上而下有四层雕刻精美的浮雕：最上层是《维摩诘经·文殊师利问疾品》，也就是维摩诘居士与文殊菩萨辩论佛法的故事；第二层为两则佛本生故事，讲

图 20　宾阳中洞藻井

图 21　宾阳中洞柱头

述释迦牟尼前世的事迹。北壁为萨埵那太子舍身饲虎图，南侧为须达那太子施舍图。此两幅本生浮雕也是龙门石窟中仅有的两处，虽然表达内容各异，但却有着一个共同的主题，即宣扬佛教"舍生行善""因果报应"的思想；第三层是著名的皇帝皇后礼佛图，其中北侧为孝文帝礼佛仪仗图。图中孝文帝头戴冕旒冠，身穿衮服，神情庄重，周围有侍者捧熏炉、执羽葆。行列后半，有侍臣多人，皆笼冠高峨，端庄肃穆，次第相随。南侧为文昭皇后礼佛仪仗图，文昭皇后凤冠冕服、雍容华贵，其左右侍婢女官，神情静穆、相与顾盼。尽管图中人物形象并无显著的大小之别，服饰也大致相同，

图 22-1　第 140 窟（宾阳中洞）皇帝礼佛图（老照片，1906 年，沙田宛）

图 22-2　第 140 窟（宾阳中洞）皇后礼佛图（老照片，1910 年，弗利尔）

但从人物的位置、相互关系，特别是风度威仪间的微妙差别，都显示出作为全图中心的帝后迥异常表的高贵与尊严，体现出创造者高超的艺术表现手法，也反映出了当时帝王显贵们在宗教活动中的真实状态。遗憾的是，这两幅浮雕现在分别藏于美国纽约大都会艺术博物馆和堪萨斯城纳尔逊艺术博物馆；浮雕的最下层为人神合一的十神王像，分别是风神王、龙神王、河神王、树神王、狮神王、鸟神王、象神王、火神王、珠宝神王、山神王（图 22-1、图 22-2）。

宾阳南洞高9米、宽8.3米、深9.07米，窟形与中洞一致，洞顶作穹隆状，莲花藻井周围有供养天和伎乐天，且内容与中洞基本相同，但南洞立体感更强。洞口内壁两侧壁基部分，为十神王浮雕像，这些是北魏遗存。洞窟四壁现存小龛造像300多个，碑刻题记100多则，所反映的内容丰富多彩。

宾阳南洞的正壁一佛二弟子二菩萨造像，完工于贞观十五年（641），是唐太宗李世民的第四子魏王李泰为纪念长孙皇后而续建的。魏王李泰自小才华卓然，深得父皇宠爱，25岁时便主编了长达550卷的《括地志》。太宗对李泰的宠爱之情渐渐胜过了当时的太子李承乾，但李泰并不满足，又开始把目光投向了太子之位。贞观十年（636）皇后长孙氏去世，李世民心中十分的悲痛，魏王李泰瞅准这个机会，在龙门山为母开窟造像，祈愿母亲早登极乐净土，博取"纯孝"的美名，来讨得李世民的欢心。心理上的投机，必然决定行为上的取巧。李泰在龙门巡视一番后，目光最终落到了北魏王朝未曾竣工的宾阳三洞，这样资金投入少，又见效快，无疑是最符合李泰心理的。主尊阿弥陀佛，面相饱满，脸型略长，颈有蚕节纹，胸部隆起。两侧菩萨形体丰腴，造型古拙。从造像的雕刻手法上看，宾阳南洞同时应用了北魏的平直刀法和唐代的圆刀法，故其所体现的艺术风格，上承北魏时期的刚健雄伟，下启唐代的生动活泼，是两种风格过渡的形式（图23）。

位于北壁的思顺坊造像龛，全称为洛州思顺坊老幼100

图23　宾阳南洞正壁

余人造像龛,高233厘米、宽170厘米、深100厘米,造一佛二弟子二菩萨二力士像。主佛通高140厘米、肩宽45厘米,桃形头光分三层,外火焰纹,内复瓣莲花,中间忍冬纹,螺髻,着双领下垂袈裟,僧祇支,胸结带,施说法印,倚坐束腰方座上。足踏覆莲台。二弟子像头残。左侧弟子双手胸前持物,右侧弟子双手合十胸前,腿部均隐于佛座内。二菩萨像头残。佩项圈、腕钏,斜披络腋,双根璎珞腹前穿璧,一手持长茎莲花上扬,一手提瓶垂体侧,均立仰莲台上。力士像头残。均立方台上。龛下中间刻二药叉托香炉,两侧存石雕二狮残迹。龛两侧方形附龛内刻供养人像,现存3身。该龛雕造于贞观二十二年(648)。像龛右侧上方为造像碑,碑文中涉及人物的姓氏有:鲜卑达奚氏、单氏、西域毕氏、罗氏、乌丸郝氏、羯人盖氏等,这是研究唐初民族史的珍贵资料。仔细观察会发现,这个像龛和造像记的位置关系很特别,在造像记中还专门提到了像龛的位置在造像记下方靠东边,以避免人们误认为此题记是西侧立佛龛的造像记,这便说明此龛的雕刻有可能比其周围的像龛要略晚一些(图24)。

北壁一尖拱龛,高335厘米、宽170厘米、深95厘米,造立佛像1尊,通高265厘米、肩宽70厘米,舟形身光,

图24　宾阳南洞北壁思顺坊造像龛

桃形头光分三层：外饰火焰纹，内饰复瓣莲花，中间刻七佛像及二供养人。高肉髻，鼻残，着通肩袈裟，衣纹雕刻密集，似"曹衣出水"式。左臂残，右手置体侧，立覆莲台上。此龛的造像风格应早于贞观二十二年（648）的思顺坊造像龛，受犍陀罗风格影响较多。这种风格的造像在朝鲜半岛的佛教造像中也有体现（图25）。

图 25 宾阳南洞北壁立佛龛

南壁有一唐永徽元年（650）汝州刺史驸马都尉渝国公刘玄意所造的阿弥陀像龛。据《新唐书·诸帝公主传》记载，刘玄意是李世民之女南平公主的丈夫，南平公主初嫁王敬直，后易嫁刘玄意为妻，这说明了唐代婚姻观还是比较开放的。另外，刘玄意在窟门甬道北壁，还造有一身金刚力士像（图26）。

北壁有隋大业十二年（616）七月十五日河南郡兴泰县梁佩仁造释迦牟尼像双龛，两龛中间为造像碑。这是宾阳南洞留有纪年的最早造像龛。两龛均为外尖内圆龛，造一佛二菩萨像。主佛均着双领下垂袈裟，僧祇支，结跏趺坐于方台上。菩萨像双手均置胸前，立龛底。龛下刻香炉、狮子、供养人各一。我们发现，此双龛造像其实并不精美，可能与隋大业年间动荡的时局有直接的关系（图27）。

◎不可错过　伊阙佛龛之碑

伊阙佛龛之碑，位于窟外宾阳中洞与南洞之间，是唐贞观十五年（641）唐太宗的第四个儿子李泰为其母亲文德皇后长孙氏所造的一篇发愿文。此碑高2.9米、宽1.9米，是在北魏原碑的基础上复刻上的文字。

碑文由善于文辞的岑文本撰文、工于书法的褚遂良书

图26 宾阳南洞南壁刘玄意造像龛

图27 宾阳南洞北壁梁佩仁造像龛

丹，两位都是唐朝重要的官员和著名文人，堪称文辞家与书法家的完美配合。这是一篇用骈文体裁撰写的发愿文，在长达1800余字的铭文中，不仅词藻华丽、对仗工整，而且把中国书法中的"横""竖""撇""捺""点"等书法特点全部包括在内。

从内容上看此篇文章大致分为四个部分：第一部分宣扬佛法，这是此类碑文大多都要涉及的佛理内容；第二部分歌颂文德皇后的"盛德"，将其描述成一个虔诚的佛教徒，为李泰所做的宾阳南洞工程找到一个合情合理的缘由；第三部分叙述开窟造像的情况，美化魏王李泰，借此讨得李世民的欢心，以获取更多的政治资本；第四部分为"颂"，是赞扬和歌颂的部分。碑文用楷体书写，字体清秀，瘦劲有力，堪称初唐楷书之典范（图28-1、图28-2）。

宾阳北洞，高10米、宽9.73米、深9.5米。北洞和南洞一样也是唐代在北魏未完工的基础上续建的。但可惜的是：并未发现有关碑文以及相关的历史文献记载，具体年代有待考证。前壁左侧神王像上方存一造像龛，完工于显庆元年（656），为确定洞窟的开凿年代提供了重要的佐证。

北洞的窟门上方是尖拱形火焰纹龛楣，在下方的门槛上装饰有宝相花及莲花图案，门槛两端还刻有龙头柱础，在龙

图 28-1 宾阳南洞伊阙佛龛之碑

图 28-2　伊阙佛龛之碑拓片

门石窟仅此一例。

正壁造一佛二弟子二菩萨 5 尊像，主佛通高 7.80 米，舟形身光直达窟顶莲花宝盖，分 2 层，外层为素面宽带纹，内饰火焰纹，敷红黑彩。圆形头光分 4 层，自内向外依次为：圆形素面敷红彩、双层复瓣莲花、圆形素面带纹、圆形带纹内饰红彩莲花图案。主佛身体与身光之间饰竖条形带纹 4 层，敷红彩与素面相间布局。头作肉髻，右额残，颈部 3 道节纹，呈阶梯状，边缘漫圆。着双领下垂式袈裟、僧祇支，偏衫覆右肩，左手伸拇食中 3 指向下，曲余 2 指，掌心向前置膝上方；右手伸拇食中 3 指向上，曲余 2 指掌心向前置胸前，结跏趺坐（露双足右腿压左腿）于方形束腰方座上，束腰处向上叠涩 2 层、向下 3 层。佛座高 150 厘米，正面刻 3 个方形壸门，内刻 3 身托举像。

左侧胁侍弟子圆形头光，外缘宽带纹敷红彩。眼窝深陷，锁骨凸出，着双领下垂式袈裟、僧祇支，双手合十胸前。右侧胁侍弟子像面部右侧剥蚀，颈部刻出一道节纹，着双领下垂式袈裟、交领内衣。弟子像均双手持物胸前立束腰仰覆莲圆台上。左侧胁侍菩萨像头戴莲花宝冠，冠顶正中刻一立佛。左眼区域剥蚀，颈部刻节纹。佩项圈、腕钏，双璎珞腹前穿回形饰物后分垂于两腿前，斜披络腋，下着裙，绅带长垂至台座下部。披巾覆搭双肩下垂，于身前横过2道后绕臂沿体侧下垂至台座下部。左手提瓶垂体侧，右手执圆形物于胸前。右侧胁侍菩萨像戴高冠，佩项圈、腕钏，斜披络腋，自双肩下垂之双璎珞腹前穿一兽面饰物沿双腿下垂，下着裙，裙褶覆盖脚面，仅露出脚趾（左脚残），绅带长垂至台座下部。左手拇食中3指拈一物，曲余2指于胸前。右手提物垂体侧，二菩萨像均立束腰仰覆莲圆台上，双圆莲瓣，束腰处上下叠涩各一层，台座左半部残。

前壁窟门两侧各刻一浮雕神王像，左侧神王像桃形头光，外火焰纹，内圆形宽带纹，戴冠，眼睛硕大，面部侧向窟门，着铠甲，下着裙，左手置左胸侧，右手持长兵器于体侧，双足踏夜叉，夜叉像模糊不清。右侧神王像全身漫漶，上着铠甲，下着裙，左手拳状置体侧，右手拳状于右胸处，脚下夜叉像雕刻存残迹。

◎ **不可错过　正壁阿弥陀佛**

宾阳北洞造像的精美程度虽不比宾阳中洞，但主佛的"剪刀手"一度走红网络，被网友们调侃为"史上最萌佛""剪刀手佛"等。其实这完全是一个误会，主佛右手原本伸出三指，但大拇指残缺了，才成了"剪刀手"（图29）。

图29 宾阳北洞正壁

◎不可错过 第312窟优填王像

在宾阳洞区以南的石壁上会看到一些异域风格的造像,这就是优填王像。

唐贞观十九年(645),玄奘取经归来,带回佛经657部,佛像7尊。其中1尊叫作"憍赏弥国出爱王思慕如来刻檀写真像"。憍赏弥国为古印度十六国之一,出爱王又称优填王。佛经记载:释迦牟尼悟道成佛后,曾上升天宫,为其母摩耶夫人讲经说法，一去三月不归。优填王思慕佛祖，于是请释迦牟尼的弟子目犍连，以神通力接工匠上天宫，看到了佛的相貌。回来后，用旃檀木刻成释迦像。这种由优填王造的释迦牟尼像也被称为"优填王像"。"优填王像"被认为是摹写释迦牟尼的第一尊佛像，受到世人特别的敬仰。

这种造像呈现的特点是：磨光发髻，身着袒右袈裟，倚坐于方形台座上，薄衣贴体，左手仰置于左膝上，右手举胸前方，身躯健壮，线刻或者浮雕出纹饰复杂的背光。龙门石窟有优填王造像百余躯，多集中在宾阳洞至敬善寺区域，时间基本上都在唐高宗时期，之后这种风格不再多见。除龙门石窟外，仅有巩义石窟雕刻有优填王像。这尊优填王像是龙门石窟中保存最为完整的一尊（图30）。

第403窟（敬善寺） 太妃造像 神王风采

洞窟高2.62米、宽2.42米、深3.08米，因前室刻有《敬善寺石像铭》而得名。它是唐太宗李世民之妃韦氏出资营造的。韦氏是唐太宗李世民的贵妃，为唐太宗十子纪王李慎和皇十二女临川公主的生母，太宗去世后封纪国太妃随纪王出藩，死后陪葬昭陵。

图 30 第 312 窟优填王像

洞窟是龙门稀有的双室窟，前室窟门外侧上方两侧可看到各有一飞天向中央聚拢，洞口外两侧雕刻有金刚力士的形象，面目狰狞、脖筋暴起，形象刻画十分生动。北力士像外侧造像记就是《敬善寺石像铭》。两侧壁各开一大龛，造菩萨像各1身，头戴宝冠、躯体修长，两肩有圆形饰物，装饰华美。

后室造一佛二弟子二菩萨二神王像，主佛像通高2.60米，舟形身光，圆形头光分二层（外刻七佛，内刻双层莲花）。主佛像头残（现为后补），着双领下垂式袈裟、僧祇支，结跏趺坐于束腰八角莲座上。座下层刻二狮子。主佛像身光两侧刻莲茎供养菩萨像16身。

北壁弟子像圆形头光，面残，双手合十胸前，立仰覆莲束腰圆台上。菩萨像桃形头光，内刻双层莲花，头残（现头部系后补），佩项圈、腕钏，斜披络腋，双璎珞腹前穿璧，左手提瓶垂体侧，右手置胸前，立束腰仰覆莲圆台上。神王像圆形头光，戴冠，着铠甲，双手持剑置身前，穿鞋立二药叉上。北壁大像间刻莲茎供养菩萨像17身。

南壁弟子像圆形头光，着交领内衣，双手持香炉，立束腰仰覆莲圆台上。菩萨像桃形头光，内刻双层莲花，头残（头部系后补），佩项圈、腕钏，斜披络腋，双璎珞腹前穿璧，左手置胸前，右手提物垂体侧，立束腰仰覆莲圆台上。神王像圆形头光，戴冠，着铠甲，双手持剑置身前，立二药叉上。北壁大像间刻莲茎供养菩萨像 14 身。

东壁上层和下层刻莲茎供养菩萨像 14 身。窟顶中心为四重瓣莲花藻井，四周刻飞天 6 身。

◎不可错过　北壁神王像

造像圆形头光，身着铠甲，双手持剑置于身前，足踏夜叉。值得注意的是：神王脚部所穿的不是我们常见的战靴，而是结带鞋。此类结带鞋，可能受到了古希腊文化的影响（图 31）。

◎不可错过　杜法力造像龛

在洞口甬道北壁自上而下有三个像龛，是杜法力分别为阎罗大王、阴曹地府、牛头狱卒和五道将军、泰山府君等各类神鬼造像的小龛。从造像的内容可以看出杜法力所供奉的，不仅有佛教中的诸神，还出现了民间所流传之神，反映出部分民众信仰的多元化。这种题材造像，在全国各地石窟造像中颇为少见（图 32）。

图 31 敬善寺北神王像

图 32　敬善寺杜法力造像龛

第 435 龛(摩崖三佛龛) 皇权与神权的诠释

像龛高 7.75 米、宽 17.78 米、深 10.14 米,共有 7 尊未完工的造像,应为常见的三世佛。通常佛家供奉三世佛,都是现在佛释迦牟尼居于中间位置,而摩崖三佛龛,中间供奉的却是倚坐式的未来弥勒佛。倚坐式弥勒佛在武则天时期大为流行,这与当时武氏利用弥勒信仰登基有关。据《旧唐书·外戚传·薛怀义传》与《资治通鉴》卷二〇四记载:唐载初元年(690)僧法明与白马寺住持薛怀义等人撰《大云经》四卷,上奏武则天,言"太后乃弥勒佛下生,当代唐为阎浮提主"(阎浮提为佛教所说四大州之一,此指人间)。武则天曾下令在全国各州各建一座"大云寺",寺内各藏一部《大云经》,并派出高僧讲解《大云经》,暗示武则天为弥勒佛降世。武则天借用《大云经》,为自己"登基"营造舆论,摩崖三佛龛便是在这样的背景下开工的。然而,705 年,随着武则天退位,摩崖三佛龛也因此而停工。摩崖三佛龛虽然是个未完工的作品,但为我们研究古人如何开凿石窟提供了极其珍贵的实物资料(图 33)。

图 33 摩崖三佛龛

◎不可错过 新罗像龛

新罗像龛编号 484 号，高 1.78 米、宽 1.81 米、深 1.5 米，位于西山珍珠泉南侧上方，是唐代新罗人出资开凿的佛龛。洛阳作为中国古代的一座国际性都会，不仅云集着众多的西域胡人，还有朝鲜半岛的新罗人。新罗国是古朝鲜半岛上的一个国家，唐高宗时新罗国统一了朝鲜半岛，与唐朝有着友好的经济文化往来，唐朝曾允许新罗留学生参加科举考试甚至担任官职。可惜的是洞内造像均被盗凿，仅剩龛楣阴刻楷书"新罗像龛"四字（图 34-1、图 34-2）。

图 34-1　新罗像龛

图 34-2　新罗像龛门上题字

不可错过的龙门

第521、522窟（双窑） 唐风双窟

第521、522窟位于西山中部，是唐高宗时期统一规划开凿的一组双窟。北洞高3.5米、宽3.62米、深4.23米，南洞高3.10米、宽2.46米、深4.39米。北洞平面呈圆角长方形，正壁为主佛及二弟子，南北两壁各为一佛二菩萨，造像题材属于传统的三世佛。主佛桃形头光，内刻复瓣莲花及七佛，涡旋状发髻，鼻微残，着双领下垂式袈裟、僧祇支，结跏趺坐于束腰八角莲座上，座上刻二狮子，均残。北侧弟子像双手胸前持香炉，南侧弟子像双手合十胸前，均立仰覆莲束腰座上。

北壁大像由西向东依次记述：菩萨像桃形头光，东侧被立佛头光遮覆，内饰复瓣莲花，头残，佩项圈、腕钏，斜披络腋，下着裙，双璎珞腹前穿璧分垂，左手拈巾垂体侧，右手抚胸，立束腰仰覆莲圆台上。立佛像桃形头光，内饰复瓣莲花及七佛，涡旋状发髻，鼻及头顶残，着通肩袈裟，左手执衣角垂体侧，右手残于胸前，左脚及台座残，立束腰圆莲座上。菩萨像，桃形头光，内饰复瓣莲花，头光局部被立佛头光遮覆，头残，佩项圈、腕钏，斜披络腋，下着裙，双璎珞腹前穿璧分垂，左手提瓶垂体侧，右手残于胸前，立束腰

圆莲台上。神王像全部残失，仅存脚下药叉像一身，全身残，几近模糊。窟顶是穹隆状顶，雕刻有莲花藻井和8身飞天。窟外力士像身披甲胄，下着战裙，形象十分威武。

南壁大像由西向东依次记述：菩萨像，桃形头光，东侧被立佛头光遮覆，内饰复瓣莲花，头残，佩项圈、腕钏，斜披络腋，下着裙，双璎珞腹前穿璧分垂，左手残于胸前，右手提物于体侧，立仰覆莲束腰圆座上。立佛像桃形头光，内饰复瓣莲花及七佛，头残，着通肩袈裟，立仰覆莲束腰圆座上。菩萨像，头光如西侧菩萨，头残，佩项圈、腕钏，斜披络腋，腰束宽带，下着裙，双璎珞腹前穿璧分垂，左手残于胸前，右手执巾垂体侧，立束腰仰覆莲圆台上。神王像戴冠，波状发纹，着铠甲，立药叉上。

南洞平面呈前方形后圆形，造一佛二弟子二菩萨，主佛弥勒通高2.08米。桃形头光，内饰复瓣莲花，着双领下垂式袈裟，胸部以上及右臂残，左手抚膝，倚坐高方台上，双脚及足踏台座均残失，足踏座为方莲台。胁侍弟子圆形头光，北侧头残，双手合十胸前，南侧双手持香炉置胸前。北菩萨桃形头光，内饰复瓣莲花，头残，佩项圈，斜披络腋。双璎珞腹前穿涡旋纹璧，双臂残失，右肩处搭麈尾。南菩萨仅存头光及台座。胁侍像均立束腰圆莲台上。

洞内南、北、东三壁均刻千佛，均桃形头光，衣饰有双领下垂式袈裟、袒右肩袈裟，手印有禅定、降魔、说法印等，均结跏趺坐于仰覆莲方座或仰覆莲座上。纵横排列有序。

佛教认为，弥勒下世以后，天下太平、毒气消除、雨泽随时、五谷滋茂，因而人皆慈心，修行十善，所营农稼，一种七获。由此演化出了人们对弥勒净土的崇拜。双窑把三世佛与弥勒千佛组成一个单元，表示功德主同时信仰释迦牟尼与弥勒的意义，这和当时唐高宗与武则天共称"二圣"的政治格局何其形似。唐高宗李治自显庆以后"多苦风疾，百司表奏，皆委天后详决……威势与帝无异"。双窑在某种意义上具有宗教和政治的象征意义（图35-1、图35-2）。

图35-1　双窑北洞正壁　　　图35-2　双窑南洞正壁

图 36　双窑外壁道教造像龛

图 37　龙门石窟景教遗存

◎ 不可错过　道教造像龛

在双窑北洞外南侧力士上方有唐玄宗开元五年（717）张敬琮母王婆造天尊像，为龙门石窟中的道教造像龛。龙门石窟作为以佛教文化为主流的石刻殿堂，但其中也包含有数例中土道教造像。在双窑南洞外壁南侧下层有一圆形龛，造5尊像，主尊为天尊像，身着道袍，足穿道靴。另在奉先寺台阶南面也有出现，说明在佛教繁荣期，道教信仰也依然存在（图36）。另外在龙门石窟西山北端红石沟北崖中段，有一小型瘗葬窟龛群，其中一个埋葬骨灰的瘗穴的上方阴刻有一个十字架，辨识其为景教遗迹。景教即为基督教的一个分支：涅斯托里派，唐朝称其为景教。除此之外，在洛阳隋唐里坊区发现了《大秦景教宣元至本经》经幢，这些唐代景教遗迹仅出现于政治经济文化最为繁荣的东西两京地区，也正是因为唐代的包容开放，促成了中西方宗教文化的交流（图37）。

◎ 不可错过　武周新字

位于双窑上方崖壁的526号洞窟外窟门上方刊刻的造窟铭记中，部分文字清晰可见，"长寿二年二月廿八日成"。其中"年、月、日"三字，可能许多游客都认不出来，因为

图38　526龛"武周新字"题记

这是武则天时期特有的文字,叫"武周新字",也称"则天文字"。女皇武则天执政期间,一共创造了18个文字,并在当时广泛使用,武则天退位以后,"武周新字"逐渐被废止。在龙门石窟武则天时期的碑刻中"武周新字"时常出现,为我们研究"武周新字"提供了珍贵的实物资料(图38)。

第543窟(万佛洞)　净土世界,众生平等

万佛洞高5.7米、宽5.8米、深6.7米,因洞内南北两壁雕刻有15000尊小佛而得名。方形平面,平顶,造一佛

二弟子二菩萨二神王二力士二狮子。主尊阿弥陀佛高约4米，舟形身光，内存2身飞天，身光外刻2个化生像，饰变形火焰纹。圆形头光，外七佛，内复瓣莲花。波状发髻，额刻白毫，面相丰满圆润，着双领下垂式袈裟、僧祇支，胸结带，神情安详肃穆。结跏趺坐于仰覆莲八角束腰莲花座上，束腰部分有4身托重力士。身光两侧及正壁上部共刻供养菩萨52尊。

胁侍弟子像均圆形头光，立仰覆莲束腰圆台上。北侧像双手于胸前执香炉，南侧像双手合十胸前。北侧菩萨桃形头光，外饰火焰纹，中间二层同心圆纹，夹层内饰七佛，内层复瓣莲花。头残，佩项圈、腕钏，斜披络腋，双璎珞腹前穿涡纹璧分垂，披巾横过身前二道，左臂残，提净瓶（残迹），右手执麈尾搭肩，立仰覆莲束腰圆台上。南侧菩萨，左手持物胸前，右手执巾体侧，余同北菩萨。

在弟子菩萨间各有一供养人像，头部均残，北侧双手合十胸前，南侧胸前持香炉，立仰覆莲束腰圆台上。后壁刻有52朵莲花，莲花上各坐1尊菩萨。这52尊菩萨像，表现了菩萨修行的不同阶段。

北壁满刻千佛，共计7361尊。中间刻一方形龛，造优填王像1尊，圆形头光，胸部以上及右臂残，左手仰置膝上，倚坐方台上，足踏为仰覆莲束腰圆台。南壁千佛共7929尊。正中方形龛造优填王像，桃形头光，头残，南北两壁下方还雕刻有12位伎乐人，她们又分为乐伎与舞伎，形象生动传神，似乎已陶醉在自己奏出的天籁中。整个洞窟洋溢着一派歌舞升平的景象。

东壁窟门两侧各刻一神王像，头残，着铠甲，腹部饰铺首，立药叉上。

窟顶中心为四重瓣莲花藻井，四周环刻造窟铭记，外层绕刻8身飞天。

洞外窟门两侧各刻一力士，佩项圈，璎珞腹前穿璧，南侧力士头残，均立山石上。

万佛题材体现了大乘佛教"普度众生，万众成佛"的思想理念（图39）。

图39 万佛洞正壁（老照片，1906年，沙田宛）

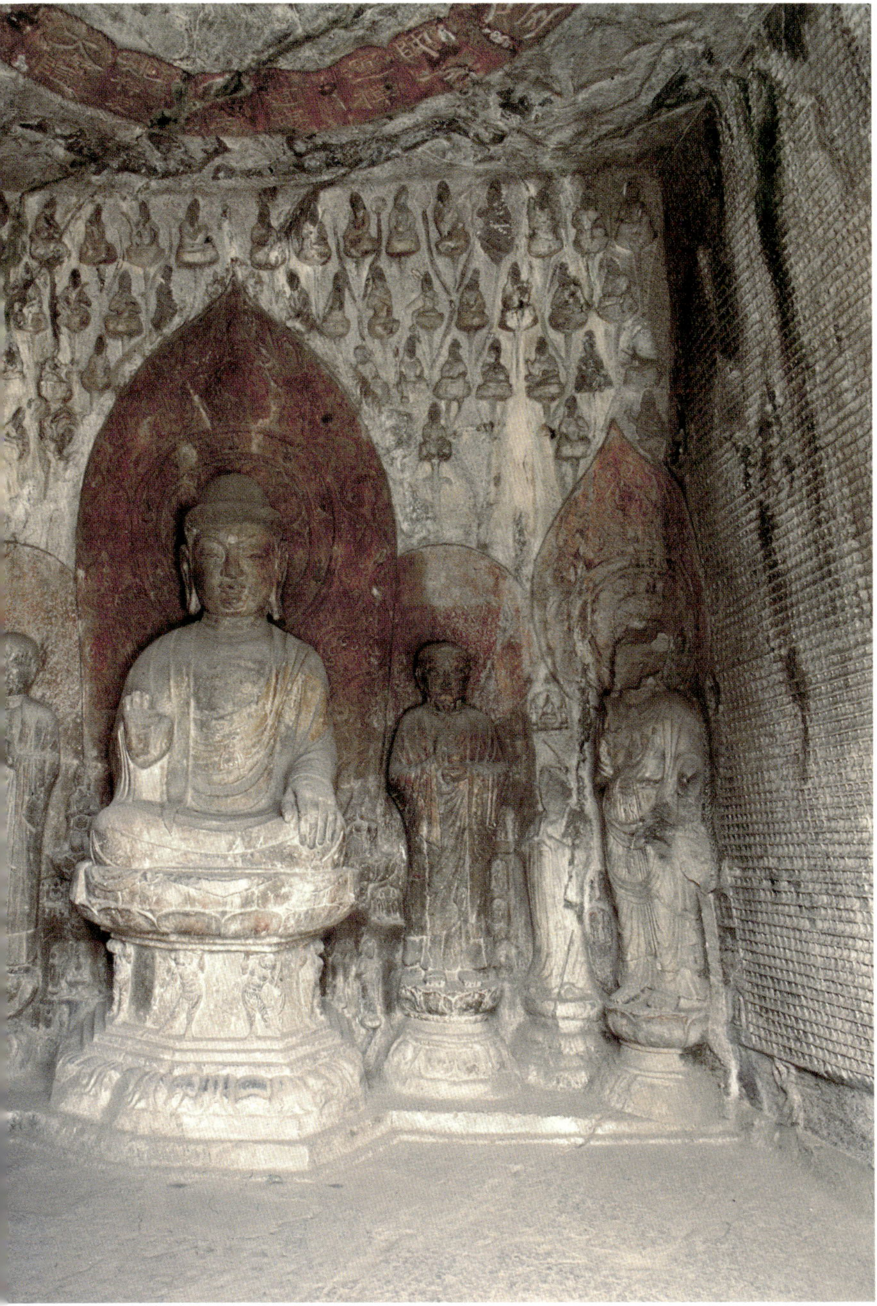

◎ **不可错过　万佛洞题记**

洞顶中央莲花藻井周围有一圈造像题记："大唐永隆元年十一月卅日成，大监姚神表，内道场运禅师，一万五千尊像龛。"在窟门北侧上方另有一则题记："沙门智运奉为天皇、天后、太子、诸王敬造一万五千尊像一龛。"这两则题记互为补充，将功德主、主持人及完工时间等信息交代得十分清楚。大监为宫中二品女官，运禅师即尼姑智运，两位女性奉命为唐高宗和武则天及太子、诸王做功德而营造该窟，于唐永隆元年（680）完工（图40-1、图40-2）。一件事情分作两处记述，说明了窟顶岩石不易雕刻，不得已而为之，另择他处予以勒石补记，足见古人的灵活与聪明。

◎ **不可错过　万佛洞供养人像**

万佛洞内弟子和菩萨之间，有2身供养人雕刻得极为出色。供养人就是开窟造像的出资人，为了表示对佛的虔诚、功德不断，除了出资开龛造像以外，还把自己的形象也刻上。供养人的身份上至皇室贵族，下至平民百姓。这2身供养人为唐代贵妇的形象，体态丰腴，衣裙飘动，衣褶密集，足穿云头履。雕造这些善男信女的形象，在主观上是为了供养佛、菩萨，在客观上却给我们留下了当时社会生活的真实情况。

图 40-1 万佛洞窟顶（老照片，1910 年，弗利尔）

图 40-2 万佛洞北甬道上层题记（老照片，1910年，弗利尔）

图 41-1　万佛洞正壁北侧供养人　　图 41-2　万佛洞正壁南侧供养人

很可惜头部都被盗凿（图 41-1、图 41-2）。

◎**不可错过　许州仪凤寺比丘尼造像龛**

万佛洞外南壁有 1 尊观世音像，被称为龙门最美菩萨。她衣着华丽、披帛环绕，左手提净瓶，右手执麈尾，身体呈"S"形曲线，婀娜多姿，极具美感。相传，1953 年，著名京剧表演艺术大师梅兰芳曾被她深深吸引，在此驻足良久，后对这一形象经过艺术加工，成功地应用到京剧《洛神》的表演当中。此菩萨像是许州仪凤寺尼姑真智所造。由于万佛洞是由唐代上层社会中的女性主持开凿，她们的这一行为也赢得了社会上的一大批女性的支持与效仿，所以在万佛洞周围集中分布了众多的女性功德主所开凿的佛龛（图 42）。

图 42　万佛洞外许州仪凤寺造像龛

◎**不可错过　行香上座造像**

万佛洞甬道北壁中段有 2 身比丘尼造像,比丘尼均身穿袈裟,侧身朝向窟内主佛。前者左手持长柄香炉,右手正在添加香末;后者双手合十,似一年幼小尼,形象写实生动,画面就定格在她们虔诚礼佛的这一瞬间。造像旁题有"此是行香上座"6 字。上座是一寺之长,是寺院的最高管理者。唐末禅宗兴起,一寺之长逐渐变成了住持、方丈这样的称谓(图 43)。

◎**不可错过　药师佛**

第 563 窟(药师洞)高 2.62 米、宽 2.10 米、深 1.75 米,位于惠暕洞西北方,因洞内主佛是药师佛而得名。窟内造一佛二菩萨二力士,主佛螺髻,头光中刻有七佛,身穿通肩式袈裟,左手掌心向外置体侧,右手托钵上举至肩,衣纹贴体流畅,赤足立于束腰莲台上。此尊药师佛近乎圆雕,且比例匀称,为龙门唐代造像的上乘之作。北壁胁侍菩萨,桃形头光,头残,佩项圈、腕钏、双璎珞,斜披络腋,左手提瓶垂体侧,右手持莲花上举,立仰莲台上。力士像束发,袒上身,着短裙,左手置体侧,右手至肩头托山石,立山基上。值得注意的是二像之间刻一立佛,头残,着通肩袈裟,左手提袋状物于体侧,右手托钵至肩头,立圆台上。南壁胁侍菩萨,

图 43 万佛洞甬道行香上座

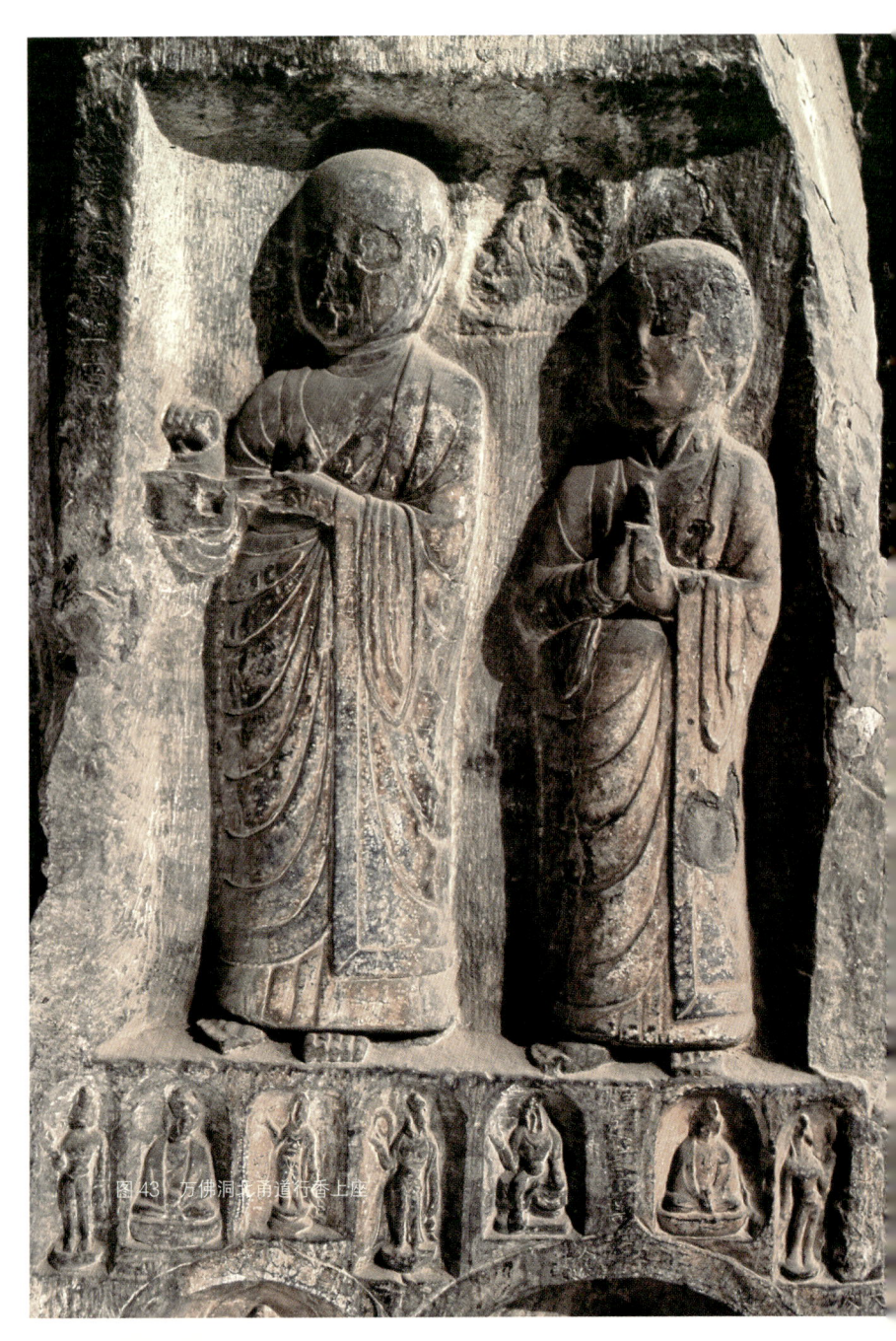

图 44 药师洞主佛像

桃形头光，头残，左手托物置胸前（残），右手贴体于身侧。力士像头残，左手托山石，右手垂体侧，余同北力士。药师佛能除生死病痛，能照三界黑暗，故名琉璃光，是东方净琉璃世界的教主（图44）。

第557窟（清明寺）　关中黎民在龙门的集中造像地

第557窟（清明寺）高2.42米、宽2.36米、深2.95米，又名双狮洞、狮子洞，位于万佛洞下方，开凿于唐高宗时期，因甬道南壁一造像龛刻有"清明寺比丘尼八正"题记而得名。马蹄形平面，穹隆顶，正壁造一佛二菩萨。主佛通高1.75米，舟形身光，饰火焰纹；圆形头光，内饰复瓣莲花。头残，着双领下垂式袈裟、僧祇支，胸束带，结跏趺坐于束腰八角莲座上。左侧菩萨桃形头光，外火焰纹，内饰复瓣莲花，中间两层同心圆纹，头残，佩项圈、腕钏，斜披络腋，下着裙，披巾横过身前二道，左手提瓶垂体侧，右手执莲蕾上举至肩，立束腰圆莲台上；右侧菩萨头残，袒上身，左手侧举至肩，右手于体侧持自莲台上引出之长茎莲花，余均同左菩萨。洞内造像密布，造像题记多达67品。窟外南壁有一座5层密檐式佛塔，雕工精美，十分醒目（图45）。

图 45　清明寺外景

◎不可错过　比丘尼八正造像龛

位于清明寺甬道南壁的比丘尼八正造像龛，高 60 厘米、宽 56 厘米、深 8 厘米，造菩萨 2 身。通高均 0.47 米，桃形头光，头残，佩项圈、腕钏。西侧菩萨双手于体侧牵巾；东侧菩萨斜披络腋，左手执麈尾上扬，右手提瓶垂体侧。均立覆莲台上。龛内造像记为：

清明寺比丘尼八正敬造，大唐仪凤三年三月九日成。

二菩萨像薄衣贴体，恰如"曹衣出水"，身姿曼妙，贤淑优雅，其丰腴的体态尽显无遗。这是龙门石窟唐代菩萨雕刻之精品（图 46）。

图 46　第 557 窟（清明寺）右甬道八正造像龛

图 47　清明寺雍州人造像龛

◎不可错过　清明寺雍州人造像龛

洞中有10块题记都提到了处在关中地区雍州的礼泉、万年、三原、泾阳这几个县,并且开凿时间都集中在唐高宗时期。就当时交通条件而言,由关中到洛阳并非易事。那么他们为什么要来洛阳龙门雕刻佛像呢?

关中地区曾在高宗时期出现了"地狭人稠,耕植不博","所出不足以给京师"的窘迫局面。高宗李治和武则天就曾带领百官"就"食洛阳,也常居洛阳。因此,当时有大量的关中居民移居洛阳。清明寺的这些造像题记,从一个侧面说明了唐高宗年间关中移民的史实(图47)。

◎不可错过　狮子像

在洞窟南壁距窟门较近的位置,右胁侍菩萨像的右侧,存有一狮子像的残迹。1906年,日本学者关野贞的老照片显示,狮子头部略向左侧扭动,双目圆睁,狮口微张,露出锋利的牙齿,三缕卷曲的鬣毛垂于胸前,后腿曲蹲使得前腿蹬地的力量更加强劲。石狮体态雄健威猛,肌肉发达。此石狮于1923年后被盗凿,后藏于上海博物馆。1968年,上海博物馆将其送还龙门保管所,现藏于龙门石窟研究院(图48-1、图48-2、图48-3)。

图 48-1　第 557 窟右壁

图 48-2　清明寺（第 557 窟）南壁狮子

图 48-3　清明寺狮子像

第565龛（惠暕洞） 弥勒佛形象的圭臬之作

惠暕洞呈"U"形平面，平顶。高4.46米、宽3.81米、深2.57米，前部塌失。造像为一佛一弟子二菩萨二神王二力士。主佛通高3.03米，椅形背光，圆形头光，外七佛，内复瓣莲花。波状发髻，着双领下垂式袈裟、僧祇支，左手仰置膝上（残），右手抚膝，倚坐方台上，足踏为方台座。北侧菩萨桃形头光，内饰复瓣莲；头残，佩项圈、腕钏，斜披络腋，腰束宽带，双璎珞腹前穿涡纹璧，左手持物垂体侧，右手外扬，立束腰圆莲台上。菩萨内侧存一圆形头光。南弟子圆形头光，双手胸前持香炉，立束腰圆莲台上。南菩萨桃形头光，头残，佩项圈、腕钏，斜披络腋，璎珞腹前穿璧，左手残于胸前，右手执物垂体侧，立仰圆台上。北壁中间存一并列桃形头光，内饰复瓣莲花。两侧壁各存2个当为缺失的神王和力士像的头光。

惠暕洞于大唐咸亨四年（673）完工，是西京（长安）法海寺惠暕法师为唐高宗、武则天等祈福所造。洞窟南壁造像记为："大唐咸亨四年十一月七日，西京法海寺僧惠暕奉为皇帝、皇后、太子、周王敬造弥勒像一龛，二菩萨、神王等，并德成就，伏愿皇业圣化无穷，殿下诸王福延万代。"

洞内的主佛为弥勒佛，面庞丰满圆润，眉宇舒展秀丽，显示出女性的仪态之美。艺术表现与奉先寺卢舍那大佛有神似之处，且功德主惠暕也是奉先寺工程的检校僧，因此惠暕洞也被称为"小奉先寺"。有趣的是，主佛身旁只有右侧一位弟子相随，其背后的真实原因有待探究（图49）。

图49　惠暕洞正壁

千百年来，弥勒佛一直以"大肚、笑口常开"的形象而被世人所熟知，但此形象是依据唐以后五代十国的后梁僧人"布袋和尚——契此"的形象演化而来，在龙门石窟中难觅踪迹！综观龙门石窟的弥勒造像：有交脚弥勒、有菩萨装弥勒、也有倚坐式弥勒，而这三种形式的弥勒都与"大肚、笑口常开"的形象相差甚远！这是因为龙门石窟的弥勒造像大多开凿在北魏和唐代，比弥勒佛演化成"大肚之形象"的五代十国，早了至少200多年。

◎不可错过 第613龛地藏像

圆拱龛，高1.22米、宽1.37米、深0.69米。造一铺5尊像。主尊像通高0.85米。头残，佩项圈、腕钏，斜披络腋，腰束宽带，双璎珞腹前穿方形饰物，下着裙，左塑像坐于束腰方台上。龙门石窟造像记资料证明，主尊造像即是地藏菩萨像，为确定这种表现形式的菩萨造像题材提供了有力的证据。它也是龙门现存体量最大的地藏像（图50）。

◎不可错过 第661龛姚秦后裔造像

外方内尖龛，高1.16米、宽0.94米、深0.50米，顶部残。造一佛二菩萨。主佛像通高0.66米，高肉髻，面部微残，

图50　613龛

着褒衣博带式袈裟、僧祇支，施说法印，结跏趺坐于龛底。两侧供养像皆双手合十胸前。外侧二胁侍菩萨像皆双手合十胸前，脸部向外，立龛底。尖拱内刻七佛，两侧方形附龛内各刻一力士。力士下方为二狮子。狮子下方及两侧壁刻供养人共计17身（图51）。完工于正光年间的像龛，右侧的造

图51 661龛

像记告诉我们，造像主姚尊曾任北魏青州刺史，他是十六国时期后秦文桓皇帝姚兴的玄孙。

◎不可错过　第660窟慈香慧政造像记

第660窟（慈香窑）马蹄形平面，穹隆形顶。高1.74米、宽1.67米、深2.31米。三壁各造像一铺，三世佛题材。完工于北魏神龟二年（519）。正壁造一佛二弟子二菩萨，主佛通高1.30米，舟形身光，饰火焰纹，圆形头光，内双层莲花，外七佛，中间5层同心圆纹。像头残，着褒衣博带式袈裟、僧祇支，施禅定印，结跏趺坐于方台上。佛座两侧刻二狮子。二弟子像圆形头光，头残，双手合十胸前，立圆台上。北胁侍菩萨像圆形头光，头残，披巾于腹前穿环分垂，左手置体侧，右手持物胸前，立圆台上。南胁侍菩萨像戴花冠，左手持物置胸前，右手提物垂体侧，余同北胁侍菩萨像。上层两角隅刻维摩诘经变画。坛上南侧造像记书法特点突出，在众多的北魏造像记中脱颖而出，成为魏碑代表，是龙门二十品中唯一不在古阳洞的一品，简称慈香（图52）。

图52 第660窟正壁

第669窟（老龙洞） 未解的开窟之谜

传说老龙窝曾有龙居住，与之紧紧相邻的这所洞窟也因此得名老龙洞。洞窟高8米、宽6.4米、深9.2米，平面不规则，穹隆形顶。老龙洞是利用自然溶洞开凿的，四壁面没有明显的分界，地面还保留岩石原有的自然形态。老龙洞可能原为一个大型的造窟工程，但由于工程辍工，洞内壁间刻满小的像龛300多个。最早的像龛在唐贞观年间，也没有北朝时期风格的造像。何人何时开凿成为这个洞窟最大的未解之谜（图53）。

图53 老龙洞窟内大景

◎不可错过　老龙洞供养人像

老龙洞北壁最大的圆拱龛编号240号，高2.80米、宽2.60米、深0.68米。造一佛二弟子二菩萨。主佛通高2.08米。桃形头光，内饰复瓣莲花，头残，着双领下垂式袈裟、僧祇支，偏衫覆右肩，胸结带，左手残，右手抚膝，结跏趺坐于仰覆莲束腰圆座上。座前两侧刻二狮子，左侧狮子残。弟子像双手合十，立圆台上。菩萨像桃形头光，头残，佩项圈、腕钏，斜披络腋，双璎珞腹前穿璧。左侧菩萨左手提物贴体，右手置胸前；右侧菩萨左手置胸前，右手提瓶贴体。均立覆莲台上（图54）。龛下中间刻一力士托举香炉（残），两侧各雕3身供养人。西侧3身女性供养人着长裙，虔诚礼佛。东侧3身男性供养人，男主人公幞头胡跪，手持长柄香炉，作添香状。身后两位双手合十，头戴卷檐虚帽，身着束腰长袍，足登高勒靴，一副中亚胡人的装扮。画面上前两位目光凝重、身姿拘谨，可看出他们神情专注、心意虔诚。但第三位虽有合十致敬，然而其身腰扭动、回首顾盼、心不在焉的神色，显示出了他是一位旁骛移情、活泼好动的稚嫩孩童（图55）。

图 54　老龙洞北壁造像龛

图 55　老龙洞北壁造像龛供养人

图 56 老龙洞北壁佛龛特写

◎ **不可错过　老龙洞狮子和夜叉像**

老龙洞北壁一佛龛的下部，雕刻有这样一幅生动的画面：左侧狮子龇牙咧嘴地傻笑，上下两排牙齿清晰可见。中间的夜叉皱眉闭目，将头扭向右侧，似乎不忍直视左侧狮子那滑稽的状态。而右侧的狮子更加夸张地直接将头扭向身后。这样一幅颇具戏剧性的画面出现在佛教石窟中，说明了佛教世俗化的趋势，而那些具有丰富想象力的工匠也将更多的生活气息融入了佛教石刻艺术当中（图56）。

◎ **不可错过　七佛、三十五佛等题名造像龛**

178号尖拱龛高0.93米、宽1.15米，造千佛130尊，均结跏趺坐，施禅定印。龛内存有榜刻五处，分别为："过去七佛""十方佛""二十五佛""三十五佛""五十三佛"。这是目前在龙门石窟最为精准的造像题材认证。龛外右侧造像记为：

永徽元年五月廿日，敬善寺僧智山敬造过去七佛、十方佛、廿五佛、三十五佛、五十三佛。愿山从今身至佛身，恒得童子出家，依善知识听闻正法，系念思惟□之修行，离生死求无上菩提，□乐涅种，解脱分善，法界众生，共同斯福（图57）。

图 57　第 669 窟 178 龛

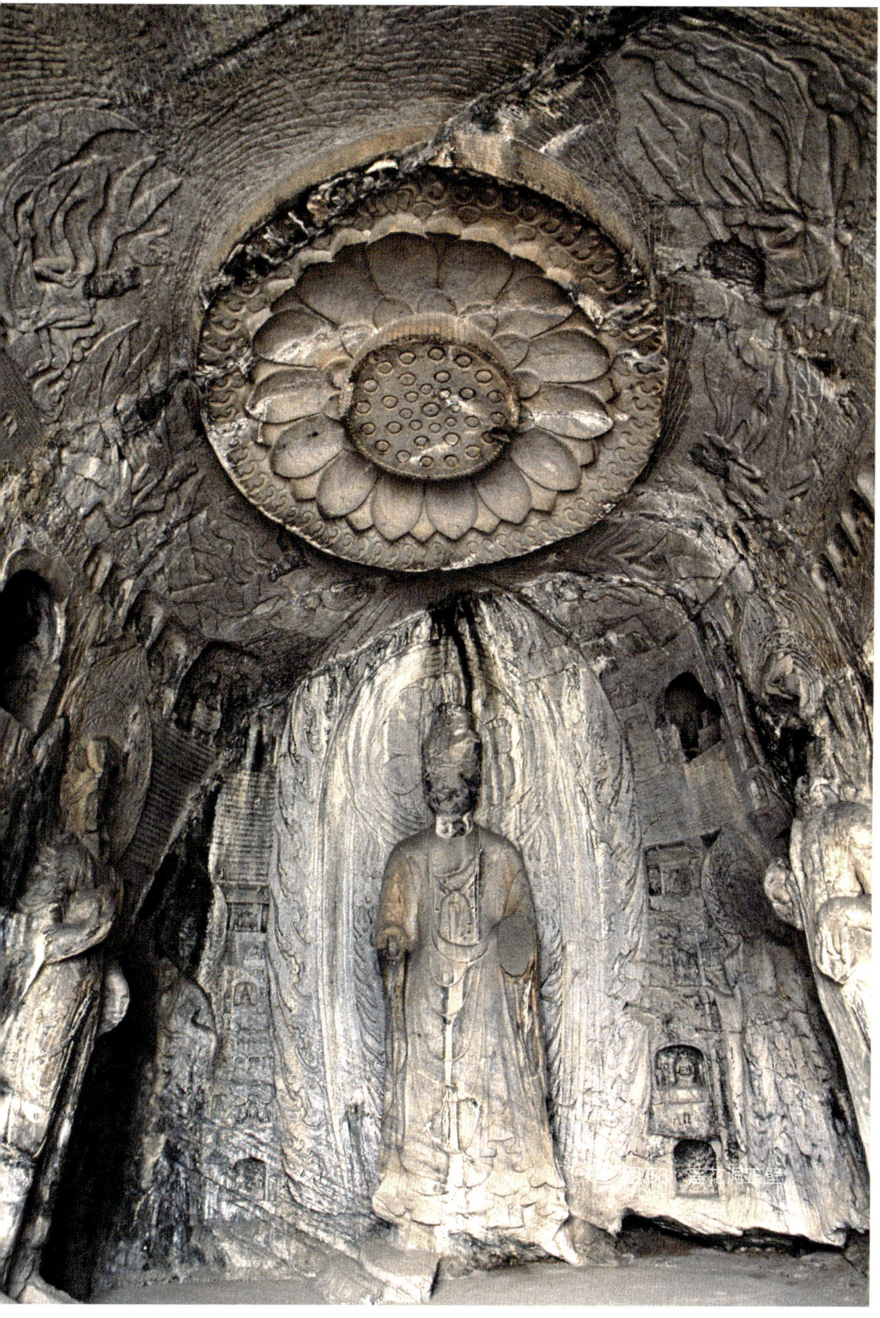

图68 莲花洞正壁

第712窟(莲花洞)　清净莲花，千龛竞秀

莲花洞高5.90米、宽6.22米、深9.78米，是利用天然溶洞扩凿而成，因窟顶雕有一朵硕大精美的高浮雕莲花而得名，是龙门北魏大型洞窟之一。窟内造一佛二弟子二菩萨像。洞内小龛密布，多达200多个，且内容丰富，雕刻精美（图58）。莲花洞内主像为释加牟尼立像，像高5米，头部被盗。这是龙门石窟中最大的释迦牟尼游说像，即释迦牟尼外出讲经说法时的形象。他身着褒衣博带式袈裟，衣褶简洁明快、向后飘逸，有一种风尘仆仆的感觉（图59）。

图59　莲花洞正壁造像

图60 迦叶像（老照片，1923年，岩田秀则）

　　左侧浅浮雕弟子迦叶深目高鼻，胸部筋骨突兀，是一位历尽艰辛、饱经沧桑的苦行僧形象。他手持八环锡杖，锡杖外轮为圆形，内有一朵盛开的莲花，左右各有四个小环，振环作声，是僧人行路和乞食所用，以警脚下生物，免遭践踏，并用以拴门，防牛犬之用。北魏时期锡杖顶端为圆形，到盛唐时发展为桃型。此锡杖是我国石窟艺术中目前发现的最早的锡杖形象。如今这尊弟子像的头部存于法国吉美博物馆（图60）。

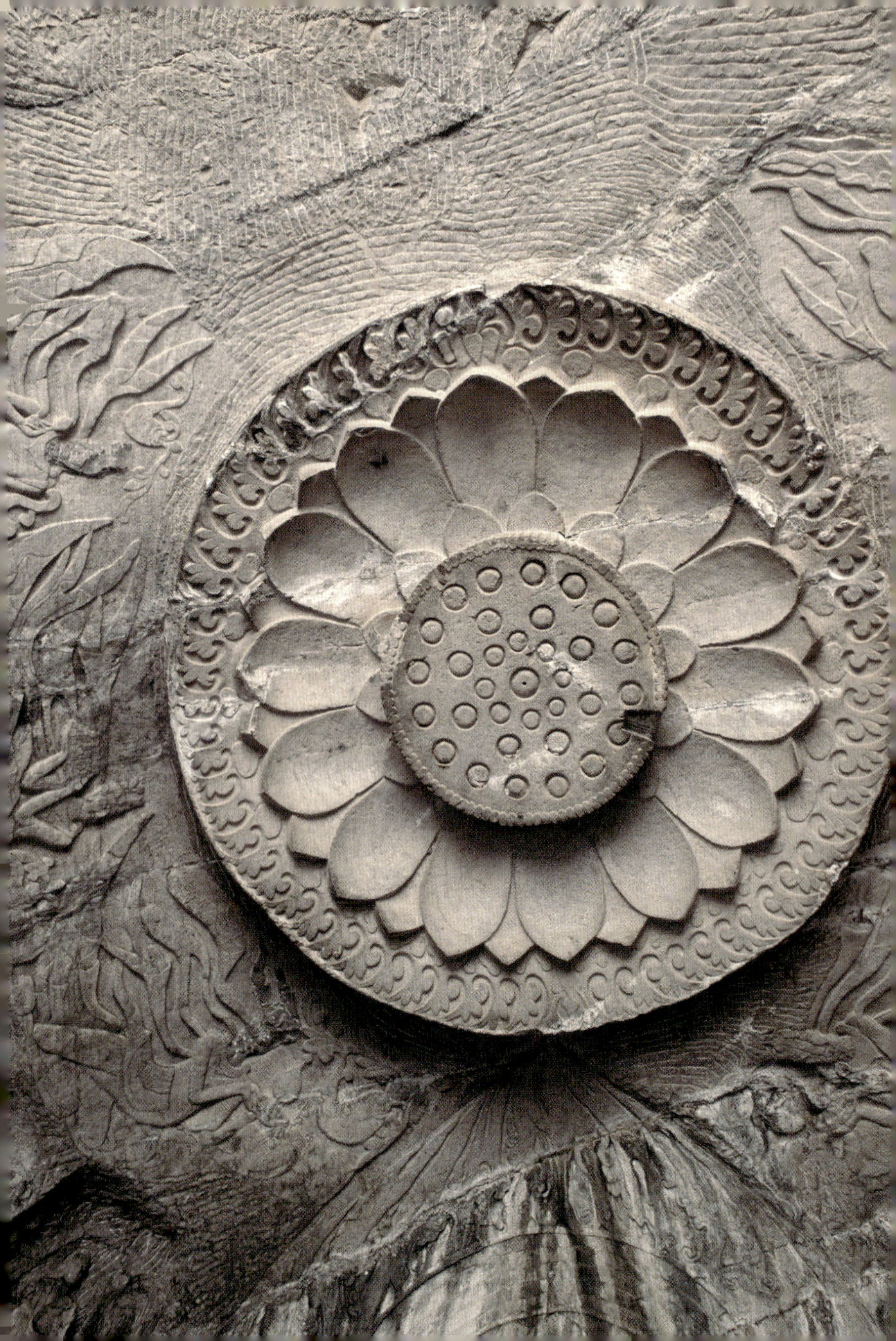

窟顶莲花直径3.6米、厚0.35米，中间为莲蓬，刻着排列有序的莲子，生动逼真，莲蓬外侧是三层叠压的花瓣，就像水面上激起的片片涟漪，外围饰以线条优美而又流畅的连续忍冬纹，将中心的莲花衬托得更加醒目。佛传故事中说释迦牟尼一出生便东西南北各走七步，每一步脚下生出一朵莲花，谓之步步生莲。莲花又有"出淤泥而不染"洁净之意，佛教将其喻为"虽处烦恼中，佛性本来清净"。因此莲花成为佛教的象征物（图61）。

莲花周围飞舞着6身体态轻盈、细腰长裙的飞天，其中1身头戴花冠、颈配项圈、披帛环绕，双手捧托果盘于身侧，面向主佛，凌空飞舞于祥云之上，实乃北魏飞天之精品（图62）。

图61 莲花洞窟顶莲花

图 62
莲花洞窟顶供养天人

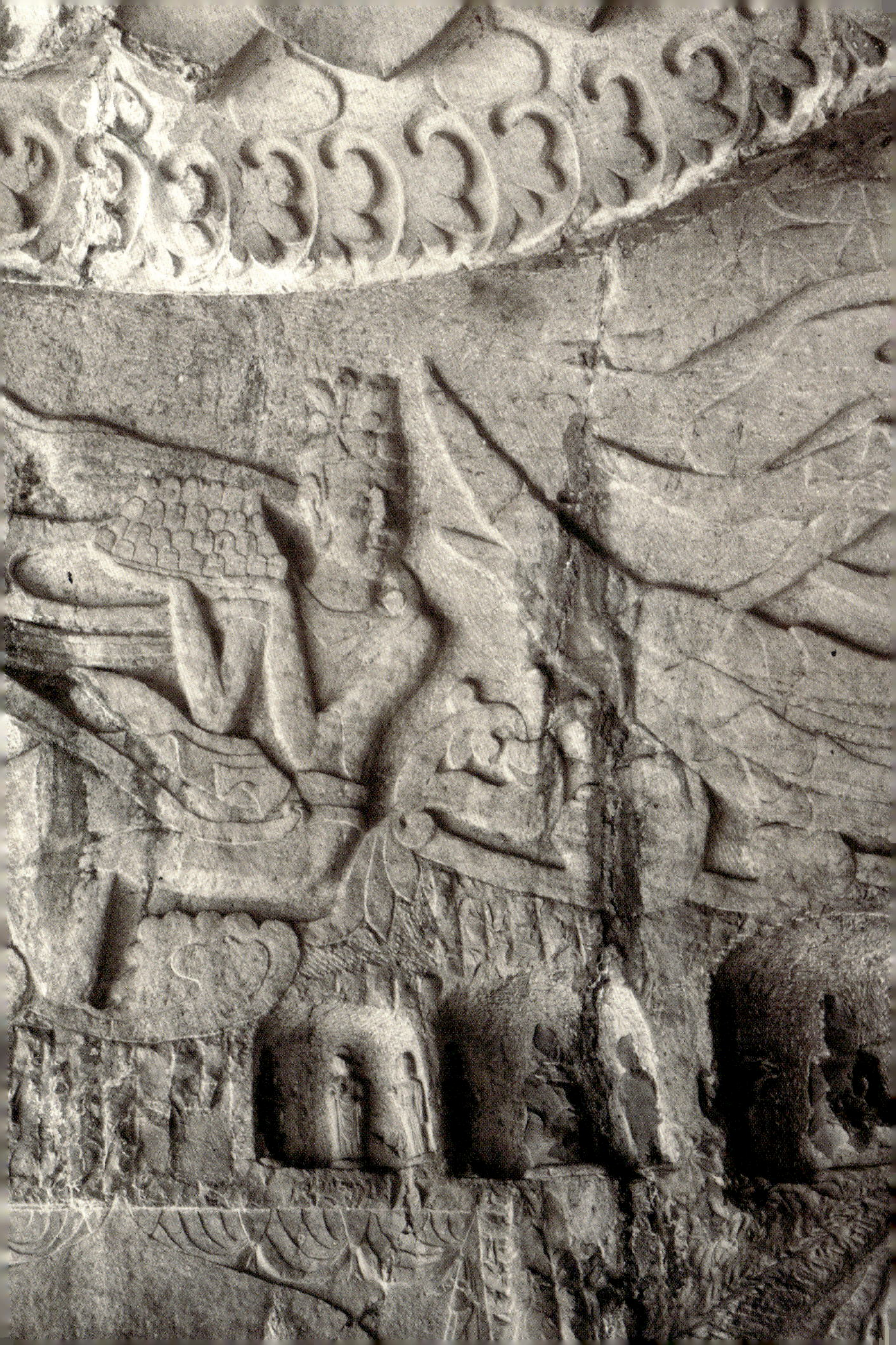

◎不可错过　宋景妃造像龛

北壁中部有一小龛为宋景妃造像龛,高0.8米、宽0.82米。造一佛二弟子二菩萨二力士。主佛像高肉髻,面残,着褒衣博带式袈裟、僧祇支,胸结带,结跏趺坐于方台座上。左侧弟子像双手合十胸前,西侧弟子像袖手胸前,均头残,立圆台上。二菩萨像头残,双手合十胸前立圆台上。坛上两端刻二狮子。右侧力士像位于尖拱龛外之屋形龛内,左侧力士像存残迹。尖拱内刻七佛一菩萨二化生像。尖拱外为文殊、维摩对坐说法及听法弟子像22身。龛下造像记为:

大魏孝昌三年岁次丁未四月癸巳朔八日庚子,清信女宋景妃自惟先因果薄,福缘浅漏,生于阎浮,受女人形。赖亡父母慈育恩深,得长轻躯。是以仰寻勖养之劳,无以投报。今且自割钗带之半,仰为亡考比敬造释迦像一区。借此微功,愿令亡考比托生西方妙乐国土。值佛闻法,见弥世勒,一切有形,皆同斯福。

宋景妃为北魏女性佛教信徒,从造像题记中可知,宋景妃深感生为女人,自己福浅,反映出封建社会男尊女卑的社会现实。但是,她为报父母养育之恩,捐出自己的首饰为父母敬造佛像,碑文情真意切、十分感人,表现出传统的儒家孝道思想(图63)。

图63 莲花洞北壁宋景妃造像龛

图 64　莲花洞北壁敷彩造像龛

◎不可错过　莲花洞北壁敷彩龛

北壁有一小型造像龛，龛内造 5 尊像，左侧弟子袈裟上的红色颜料保存完好。此造像龛是 2001 年科研人员在做"石灰岩凝浆清除"课题实验的过程中发现的。让人惊奇的是：千年前的造像还保留着极为鲜艳的色彩。可以想象，千年前的龙门石窟是一番多么绚丽多彩、金碧辉煌的景象（图 64）。

◎不可错过　王位相让、树下思惟佛传故事

南壁的一个小龛内,刻有一组两幅生动的佛传故事。根据《过去现在因果经》(南朝宋求那跋陀罗译)的记载,此两幅图描述了"王位相让"的故事。

龛内东壁上的这幅浮雕画面中,菩提树下的悉达多太子体态清癯,头光圆满,上身袒裸,下身着裙,左腿低垂,右腿曲膝舒坐于鼓形束腰宝座上,身旁化生出朵朵莲花,太子右臂曲肱展指,自指面庞,身后树枝上衣物垂悬,随风飘动。远处一轮红日跃出层层山峦,天空中还有鸟儿飞过。此处传达的是悉达多太子刚刚结束了6年的苦行生活,并从尼连禅河沐浴之后的情景。在悉达多太子面前,有一位头戴冕旒冠、身着长袍、双手合十并屈膝下跪的国王,此人应是摩揭陀国的国王频婆娑罗。只见国王身后有4位手持华盖、羽葆、旌旗等物的侍从,国王正在表示要将一半国土让于悉达多太子,而太子不为所动。

龛内西壁浮雕图中,菩提树下的悉达多太子已穿上衣服,画面中的国王已不再戴冕旒冠。此时国王手中托着一方形物,应为象征国王权力的印玺,身后的侍从则变为3位,并且后两位侍从已不再着长袍,而变为下着长裤脚踏战靴的武士形象。这幅画面应是东壁浮雕画面的连续和延伸:悉达

图65 莲花洞南壁佛传故事

多太子没有接受频婆娑罗国王让出一半国土的请求,国王又表示"王位相让"于太子,由悉达多太子统治整个摩揭陀国,但悉达多太子依然执意修行。国王继而表示,如果太子不想要这摩揭陀国,那他就将兵权交出,由太子去攻取想要的土地,可是悉达多太子仍不为所动,毅然执意出家修行。这两幅精美的浮雕佛传故事传达出悉达多太子挚情山林、一心向佛、誓愿出家的瞬间,画面雕刻精良,意境连贯,有着极高的艺术感染力(图65)。

◎不可错过　赵岩碑

莲花洞外北壁崖面上有"伊阙"二字，此处原为唐武则天时期佛弟子史延福刊刻的《佛顶尊胜陀罗尼经》。这方石刻佛经距译出时间不足10年，可能是中国最早石刻版本的《佛顶尊胜陀罗尼经》，可惜佛经被"伊阙"两个大字覆盖。这两个字是明代隆庆年间（1567—1572）监察御史赵岩所题（图66）。

图66　莲花洞外赵岩题字

图 67　莲花洞外张世祖造像龛

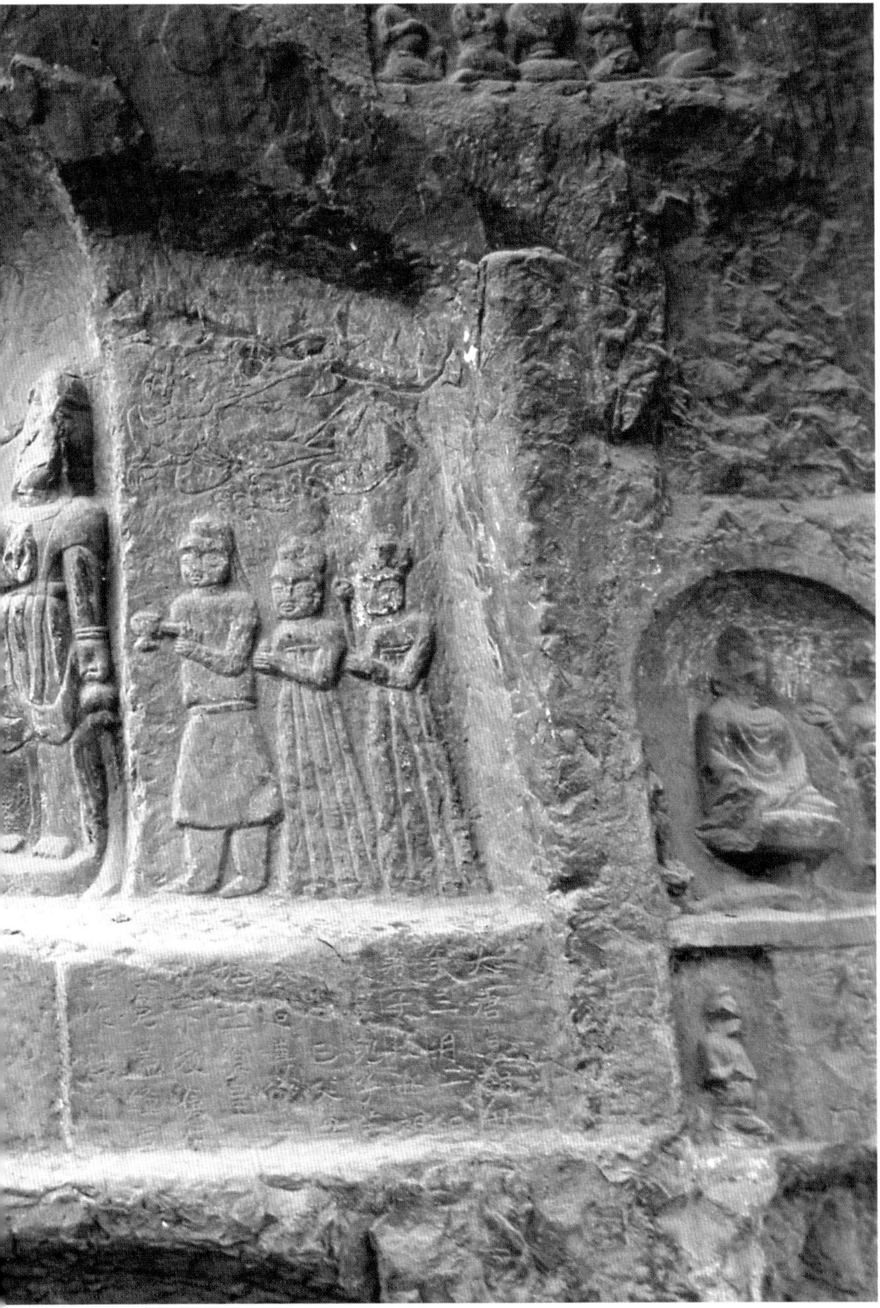

◎ **不可错过　张世祖造像龛**

莲花洞口外左侧，有贞观二十年（646）张世祖及妻子儿女为亡父母造像龛，在造像龛左边刻张世祖及妻儿供养像。张世祖手持带柄香炉，戴幞头、身着窄领长袍，足穿长筒靴。后侧妻女身着短襦，下着百褶长裙，手持花蕾，服饰与朝鲜族妇女的传统装束相似。20世纪30年代，曾有土匪胁迫石匠依据照片前去盗凿这组精美的供养人像，因未找到确切位置，得以幸存至今（图67）。

◎ **不可错过　造窟碑**

莲花洞右壁下层紧贴窟门处，有一蟠龙螭首碑，规模大，推测应为整个洞窟设计中的造窟碑（图68）。还有少数线刻造像被多达14个晚期造像龛破坏。最早的小龛位于最下面左侧的一个圆拱龛，左半部分已残失，造一佛二弟子二菩萨，下部存一香炉一狮子，造像具有典型的北齐风格。其他小龛均属于唐代，说明莲花洞没有最终完工，辍工不久，就开始被后来者利用开龛造像。类似的情况在龙门石窟还有很多。

图 68 造窟碑

◎ 不可错过　莲花洞外北魏佛塔

莲花洞南侧的这座佛塔为北朝所建，塔高 2.3 米，是一座高浮雕楼阁式仿木结构佛塔，3 层塔身均有造像，顶部刻有相轮和宝珠，是龙门现存体量较大的佛塔。佛塔是佛教建筑中的重要形式之一。龙门石窟现存佛塔共计 80 座，其中浮雕塔 77 座（包含 17 座北朝佛塔，59 座唐代佛塔，1 座宋代佛塔），馆藏 2 座，圆雕佛塔 1 座（均为唐代所造）。石雕佛塔的结构是由塔身、塔檐、塔基、塔刹组成，根据浮雕塔在塔檐塔身形制上的差异，又可分为：楼阁式（图 69）、覆钵式、密檐式、亭阁式等。

第 883 号（石牛溪）　地质年代的溶洞，百年的斧凿

石牛溪原本是一个天然溶洞，豁口呈扁圆形，形似牛角，俗称石牛溪。豁口内外遍刻造像小龛 60 余个，由造像题记可知，造像年代上自北魏正光年间（520—525），下至唐代景龙年间（707—710），前后跨越近 200 年。

图 60　云冈外北朝楼阁式塔

◎ **不可错过　修路碑**

自古以来,龙门东西两山之间的伊阙古道就是洛阳通往南方的主要通道。古时,伊河水量充沛,道路常被洪水淹没损坏。雍正三年(1725)秋,洛阳突降暴雨,伊阙古道被洪水冲毁。雍正五年(1727),时任洛阳知县的郭朝鼎捐俸修筑了伊阙古道,百姓感念郭知县的恩情,刻碑"郭公路"。时隔21年,乾隆十三年(1748),时任洛阳知

图70　石牛溪

县的方有光慕前任之功德，再次捐资修缮此路，百姓又刻碑"方公路"，赞此举"流芳百代"：先后修路利民生，郭公方公美名传（图70）。

第1034窟（普泰洞） 形象直观的开凿流程

普泰洞高3.17米、宽3.15米、深4.6米，因洞中有北魏"普泰元年"的造像记而得名，由此可以推测出主体工程的完工时间应在北魏普泰元年（531）以前。造像组合为北魏常见的三壁三龛式。两侧壁各开一方形帷幕大龛。

普泰洞窟楣为尖拱火焰纹，门口两侧各雕一力士像。洞窟正壁造一佛二弟子二菩萨（图71）。主尊通高2.78米，素面舟形身光直达窟顶，高肉髻，着褒衣博带式袈裟、僧祇支，胸结带，双手残，结跏趺坐于坛基上，衣褶悬覆坛上。弟子圆形头光。北侧额残，左手提袋形物贴体下垂，右手持物置胸前；南侧双手持圆柱形物于胸前。均立覆莲台上。菩萨桃形头光，宝缯垂肩，佩项圈、腕钏，斜披络腋，披巾于腹前穿璧分垂。北侧戴宝冠，鼻微残，左手提物贴体，右手置胸前（残）；南侧头残，左手持莲蕾置胸前，右手提物贴体。均立覆莲台上。

图 71　普泰洞正壁

　　这是个没有完工的洞窟，除了正壁造像完成外，左壁大龛内的造像、右壁龛楣与大龛造像、前壁窟门两侧的立佛，以及窟门外的力士像和造窟碑都以辍工为终局。不过，此窟对于研究石窟开凿工序倒是一个极好的实例。

　　◎**不可错过　普泰洞北壁大龛**

　　南北两壁各凿一方形盝顶大龛，北壁大龛的内容极为丰富。龛楣用菱格形和屋形图案作为装饰，雕刻的内容涉及七佛、供养天人、莲花化生童子、交脚弥勒菩萨、听法比丘、

图72 普泰洞北壁大龛

坐佛以及供养菩萨，还有"维摩诘经变""王位相让"和"涅槃变"的佛教故事等（图72）。大龛内的一组造像颇值得思考，主佛像的体量较小，考虑到石窟中处于低位的佛像头部均遭到砸毁或者盗凿，而这尊佛像头部保存得又如此完美，是否与宋代的大规模重塑有关？另一方面，佛像的左胁侍弟子和菩萨像展现的是北朝风格，而右胁侍表现的却是龙门初唐的特征。

第 1038 窟（赵客师洞）　北魏建房，唐代鸠占鹊巢

赵客师洞高 2.8 米、宽 3.09 米、深 4.08 米，因洞中有赵客师的造像记而得名。该洞始凿于北魏晚期，洞内造像大多刻于唐代，窟楣刻有尖拱火焰纹，门外两侧各有一未完工的金刚力士。洞中主佛通高 2.43 米。舟形素面身光，头残，着双领下垂式袈裟、僧祇支，胸结带，偏衫覆右肩，施说法印，结跏趺坐于方台上。弟子双手合十，笔直站立，袈裟下部内敛，身体格外修长，看上去恭敬虔诚。北侧弟子头部模糊，南侧弟子残失，均立仰圆台上（图73）。北菩萨头残，佩项圈、腕钏，斜披络腋，双璎珞腹前穿"回"形饰物，左手持物垂体侧，右手残于胸前。立仰圆台上。

图73 赵客师洞正壁

南菩萨存残迹。二菩萨座前各刻一狮子，南侧存残迹。坛外沿刻一排双圆莲瓣。

◎ **不可错过　赵客师洞东壁造像龛**

前壁左侧有一盏拱形龛，是北魏永熙二年（533）樊道德所造释迦牟尼像。盏顶龛造一佛二弟子二菩萨。主佛

图 74 赵各师洵东壁造像龛

头部剥蚀，着褒衣博带式袈裟、僧祇支，左手下伸，右手上举，右足穿过层叠衣褶外伸，脚心朝上，结跏趺坐于龛底。胁侍弟子、菩萨位于两侧方形帷幕附龛内，头均残，双手合十立龛底。盝顶上刻结跏趺坐佛6尊，化生像2身，文殊、维摩说法及弟子4身。龛底刻一香炉二狮子。龛下两端刻供养人3身（南二北一）。此龛是该洞中唯一的北魏遗存（图74）。

第1069窟（破窑） 天衣无缝隋唐造像衔接

　　破窑高5.66米、宽6.32米、深5.46米，是利用天然溶洞开凿而成的。洞窟平面呈不规则椭圆形，窟顶为规整的穹隆形。洞中虽没有主像，却布满了百余个小龛，造像内容丰富。其中最早的造像题记为唐太宗贞观十一年(637)，最晚的为武则天初年（690），时间跨越50多年。联系到前述的老龙洞，窟内均出现了唐贞观年间的小龛造像，笔者认为，这两个大型洞窟有可能是隋代开凿后不久即告停止，窟内壁面被唐代利用来开龛造像，形成了窟龛琳琅满目而没有主尊造像的面貌（图75）。

图 75　破窑内景

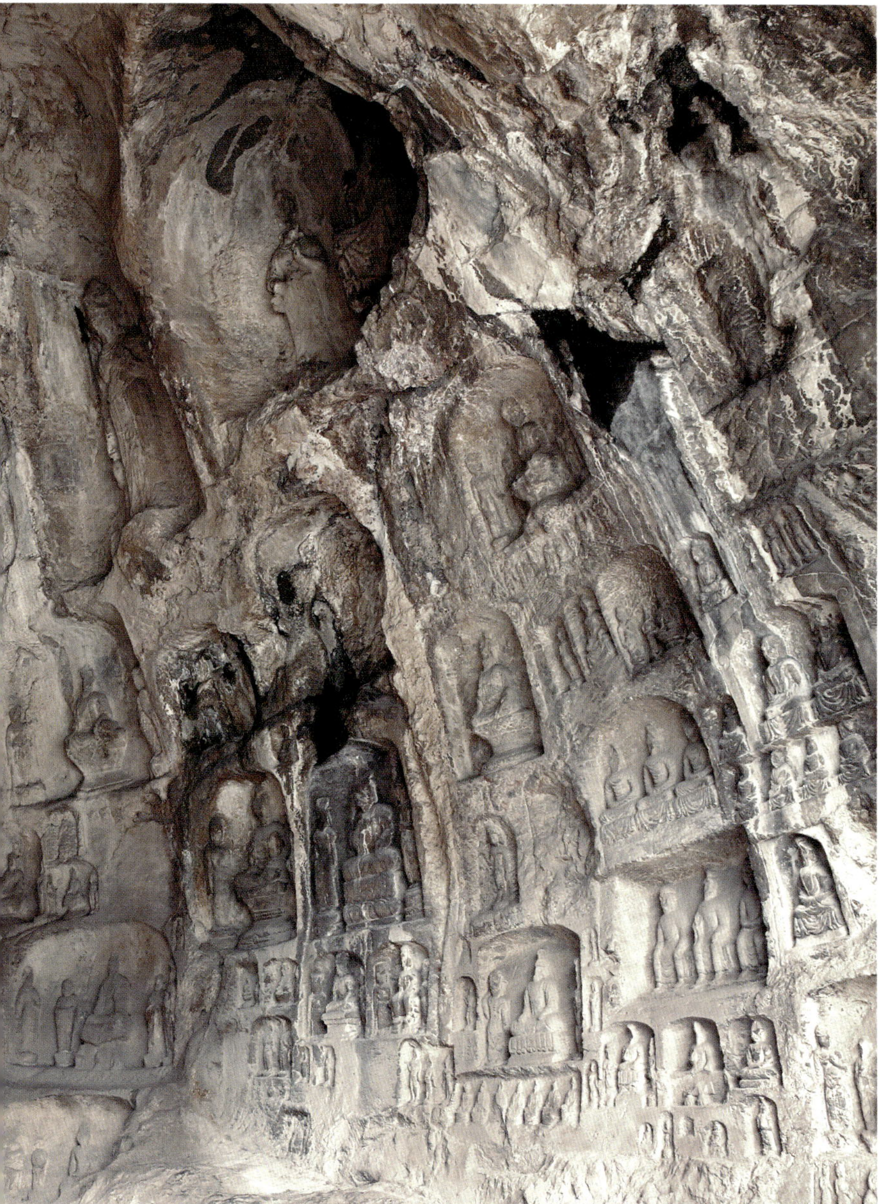

◎不可错过 破窑西壁道王造像龛

道王龛是唐高祖李渊之妃刘氏为其子道王李元庆所造的弥勒像龛（图76）。开凿于贞观十一年（637），圆拱像龛高1米、宽0.9米。造坐佛1尊，高肉髻，着双领下垂式袈裟、僧祇支，倚坐方台座上。龛左刻供养人2身，龛右造像记为：

大唐贞观十一年岁次丁酉一月五日，□道国王母刘□妃为道王元庆，向洛州成礼，心中忧悴，恐有灾鄣，仰凭三宝请□，□以蒙佛慈恩，内外平善，敬造弥勒像一区。以报大圣，上资皇帝，下及含生，同出苦门，俱登正觉。

从造像题记中我们可知，这是破窑中身份最高、地位最显赫的发愿主。李元庆是唐太宗李世民同父异母的弟弟，贞观十年（636）正月封为道王，三月出任豫州刺史，他的母亲在造像题记中说"心中忧悴，恐有灾鄣"。

据《资治通鉴》记载，贞观十一年（637）十月，唐太宗在洛阳西苑狩猎。而道王李元庆从豫州来洛阳行朝觐之礼。玄武门之变的恐惧如影随形，刘氏唯恐儿子有一言之失便招致灾祸。她作为一个遗孀守寡的妃子，又是一个虔诚的佛教徒，儿子是她的精神支柱，为儿子"心中忧悴，恐有灾鄣"是可以理解的。

图 76　破窑道王造像龛

图 77 破窑北壁造像龛

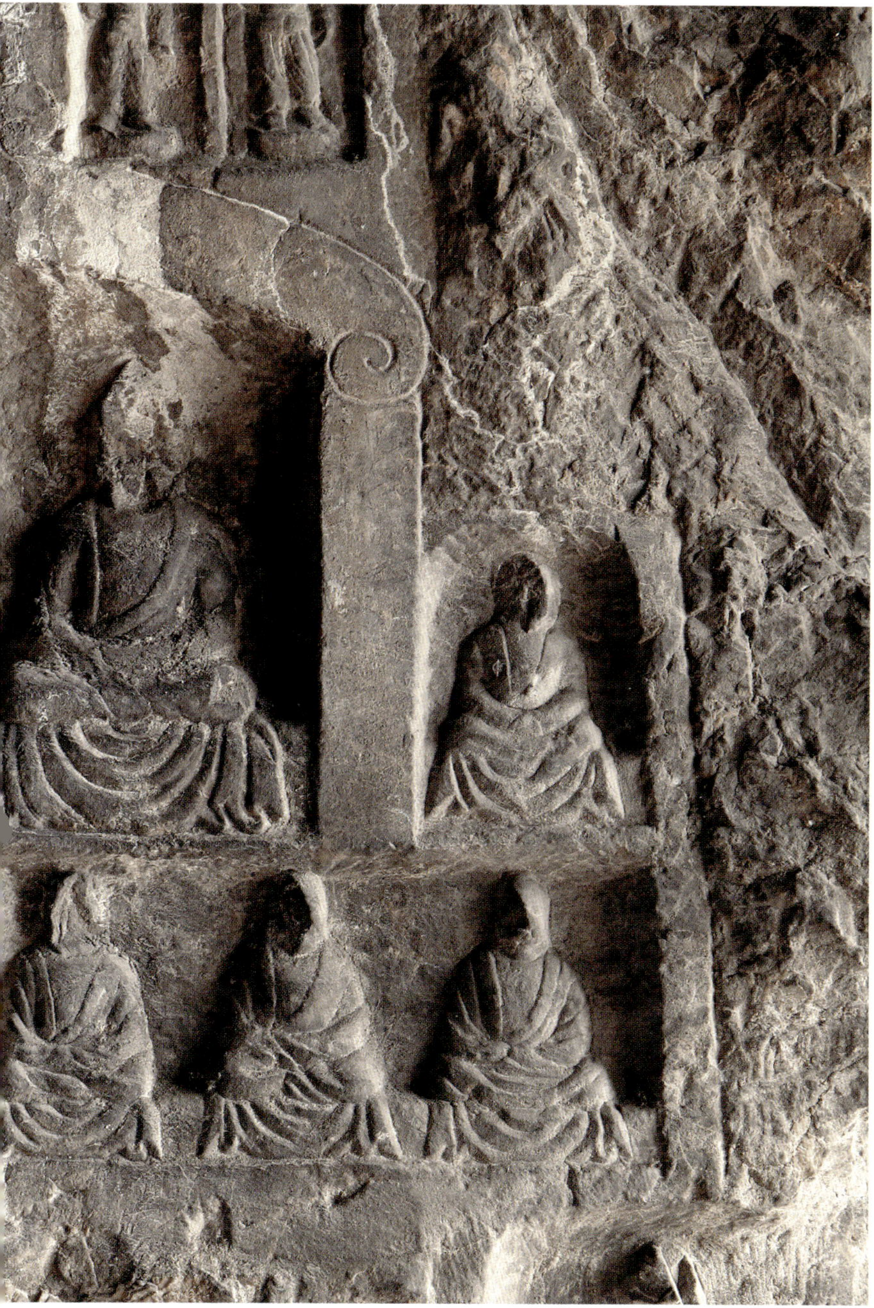

◎不可错过 破窑北壁小龛

洞窟北壁有一个十佛造像龛（图77）。圆拱形，头部均残失，结跏趺坐于圆台上。主龛内造2尊坐佛，着双领下垂式袈裟；两侧和下部附龛内共造8尊坐佛，其中2身着通肩式袈裟，其余着双领下垂式袈裟。10尊坐佛袈裟虽显厚重，但仍有贴体之感。此种造像风格和邻近像龛的造像风格大致相同，而此龛的造像布局却极为罕见。

◎不可错过 交脚弥勒像龛

交脚弥勒像龛高3米、宽1.62米、深0.6米，位于破窑与魏字洞之间，因正壁造交脚弥勒像而得名。大约开凿于北魏太和末年。

龛内造1尊交脚弥勒菩萨和2身胁侍菩萨，主尊交脚坐于狮子座上，身形刚健，颇有古印度造像遗风，通高1.3米。舟形背光，雕刻精美且纷繁复杂，共分7层，自外向里依次为：伎乐天人9身（南侧2身残失）、尖拱火焰纹、忍冬纹及供养人7身、供养天人8身（顶部2身残失）、结跏趺坐佛9尊及天人2身、双层莲瓣、圆形素面。像头残，宝缯外展，胸部模糊，左手抚膝，右手抚右胸，座前刻二狮子。南侧胁侍菩萨像桃形头光，饰火焰纹，像头残，左手置胸前，

图 78 交脚弥勒像龛

右手提瓶垂体侧，立龛底上。北侧胁侍菩萨像模糊不清。龛上部存化佛 6 尊及装饰纹样，两侧下部均残。该弥勒像龛是龙门石窟早期石窟艺术的代表（图 78）。

◎ **不可错过　伎乐天特写**

交脚弥勒龛背光中的这 2 身伎乐天，保存完整。她们有着孩童般的模样，丰润的脸庞，卷状发髻，圆形头光，披帛环绕臂间，圆滚的身体，肚子微微鼓起，两腿自由舒展，正用长笛和笙演奏着美妙的佛国仙乐（图 79）。这一形象继承了云冈石窟飞天形象的遗风，颇具时代美感。

图 79　交脚弥勒像龛飞天特写

第1181窟（魏字洞）　比丘尼造像集聚之所

魏字洞高4.25米、宽4.13米、深4.35米，马蹄形平面，穹隆形顶，因有多则北魏时期的造像题记而得名。公元525年，北魏胡太后第二次临朝执政，改元"孝昌"。胡太后极为崇佛，此时大批僧尼及女性信徒利用窟壁空隙开龛造像，以迎合胡太后。

西壁造一佛二弟子二菩萨，主佛通高3.5米，头顶有磨光的高肉髻，面相长圆清秀，宽大的袈裟衣褶稠密，呈羊肠纹状覆盖佛座，结跏趺坐于方台之上。佛像端庄慈祥，具有典型的北魏晚期造像特点。佛背后的头光身光由莲花瓣、弦纹、忍冬纹、花草纹、联珠纹、火焰纹等组成，直达窟顶，与洞窟顶部的浮雕大莲花连为一体，莲花周围4身飞天凌空飞舞（图80）。

佛座两侧各雕有一狮子，它们各举一爪，背朝佛像，而头部则回首向佛，形象生动活泼，在龙门石窟近千件狮子雕刻作品中别具一格。

◎ *不可错过　观音佛造像龛*

1197号龛高1.34、宽1.15米，位于崖壁之上，极难登

图 80　魏字洞正壁及窟顶莲花

图 81　1197 号龛正壁观音佛造像

临,造立像 1 尊。像高 0.89 米,头残,身光呈多弧状莲瓣形,着通肩袈裟,左手提瓶体侧,右手执长枝莲花搭肩(右臂残)。立仰覆莲束腰八角座上,束腰处刻托重神王像。自像座引出之长莲茎台在身光上及周边共分 2 层,外侧刻供养菩萨 9 身,内层刻结跏趺坐佛 7 尊。在人们的印象中,观音造像呈现的都是菩萨装形象,在龙门石窟中,肇始于北魏、延续到唐代出现的观音佛的形象近百例,着衣有佛装和菩萨装两种。图中的主尊造像开凿于唐代,是所知体量最大,风格最鲜明的 1 尊观音佛造像(图 81)。

第1192窟（唐字洞）

唐字洞高4.3米、宽4.5米、深4.12米，因为洞内保留较多的唐代造像题记而得名。洞外上方有窟檐，窟檐前坡雕刻瓦垄，檐下刻有18根椽子，写实逼真，极为形象，为研究北魏建筑提供了珍贵的实物资料。屋脊正中有一只迦楼罗鸟，民间俗称大鹏金翅鸟，为佛教护法天龙八部之一。佛经上讲：金翅神鸟，翅（羽毛）翩金色，两翅相去三百三十六万里，以龙为食。可见它在佛教护法中是何等的强悍。它人面鸟身，昂首挺胸，张开两翅雄踞于屋脊之上，极有气势。还未进门我们似乎就已感受到了殿堂内佛法的尊胜与威严（图82）。洞中大像是唐代在北魏未完工的基础上重新雕刻的。主尊阿弥陀佛结跏趺坐于方台座上，隆胸削肩，体型丰满，身穿双领下垂袈裟，呈圆弧形垂于座前。右手置于小腿上，左手残损。二菩萨身躯修长，颈部有蚕节纹，上身袒露，下束裙，披帛环绕，装饰华丽，窟内四壁布满了小龛造像。

◎不可错过　唐字洞阿育王像龛

唐字洞的西壁上层，有一唐代阿育王像龛，高0.50米，

图 82　唐字洞外立面

宽 0.3 米，造立佛 1 尊。头残，着通肩下垂袈裟，"U"型重叠衣纹紧贴躯体，洋溢着浓郁的"曹衣出水"式风格。右手置于胸前，左手握袈裟一角置于腰间，赤脚立于莲台上。龛下造像记为：

　　景福寺尼净命，为亡和上敬造阿育王像。

　　阿育王像，并非阿育王本人的像，是印度阿育王所造释迦牟尼像的简称。此类造像由古印度经西域传入我国，在魏晋南北朝至隋唐时期都有出现。阿育王（前273—前232年在位），是古印度摩揭陀国孔雀王朝的第三代国王，执政初

图 83　唐字洞阿育王像龛

期虽有暴政和杀戮，但后来皈依佛教，大力弘扬佛法，使佛教传播各地，被称为"转轮圣王"。此阿育王像龛，是龙门唯一一处有着明确题记的阿育王造像实例（图83）。

◎不可错过　僧璨像龛

唐字洞内前壁右侧有一帐形龛，高1米，造二佛四弟子二菩萨。佛像均桃形头光，头残，着褒衣博带式袈裟、僧祇支，结跏趺坐于方座上，衣褶遮覆座前。胁侍弟子圆形头光，全身漫漶，双手合十胸前，立坛上。菩萨戴冠，面部模糊，佩项圈，双手合十胸前，均立坛两端之圆台上，坛上刻一香炉四供养人二狮子。龛内佛像头光内侧刻二飞天，外侧刻听法弟子4身。龛顶上层刻覆钵及山花，下层刻鱼鳞纹及三角垂珠纹（图84）。龛内释迦多宝二佛并坐，在龛的下方还保留着清晰的造像题记，从中可以看到"洛州灵岩寺沙门僧璨敬造石像一龛……大魏大统七年（541）"的字样。由此得知，这个像龛是由历史上著名高僧僧璨所造。僧璨，被尊为中土禅宗第三祖，对佛教禅宗的发展和传播有着很大的贡献，后被唐玄宗追谥为"鉴智禅师"。

图 84　唐字洞僧璨造像龛

第1220龛

◎ 不可错过　宋代造像

1220号龛高1.74米、宽1.70米、深2.07米，正壁造双龛，各造一佛二弟子（图85）。左侧圆拱龛主佛通高0.65米，桃形头光，头残，着双领下垂式袈裟、僧祇支，胸结带，结跏趺坐于束腰方座上。二弟子圆形头光，头残，双手合十胸前，立束腰圆台上。右侧圆拱龛主佛通高0.6米，桃形头光，螺髻，脸部模糊，着通肩袈裟，倚坐方台上，足踏为仰圆台。二弟子圆形头光，双手合十胸前，立仰覆莲圆台上。造像艺

图85　1220号龛

术表现一般，甚至没有艺术性可言。龛内右壁的造像记明确了该龛雕刻于宋开宝元年（968），说明此时的龙门石窟开凿活动已经极度没落，或者说这时的佛教活动重点已经转移，不再是石窟造像了。这龛造像也是龙门现存 4 例宋代造像的其中之一。

第 1280 龛（奉先寺）　中国雕刻艺术巅峰之作

奉先寺高 19.68 米、宽 38 米、深 36 米，是龙门石窟中规模最大、雕工最美的一组摩崖型群雕，相信每一位看到这组造像的人无不为之惊叹！如果说龙门众多洞窟如同石刻艺术宝库中的群星，那么奉先寺就是群星烘托的一轮明月。

它开凿于唐高宗时期，完工于唐高宗上元二年（675）。原名大卢舍那像龛，因隶属于当时的皇家寺院奉先寺而得名。考古人员在今天龙门山的南面发掘了当年寺院的遗址，出土了大量的文物。当时寺院的僧人负责大卢舍那像龛的管理工作，这也是建造这所寺院的原因之一，足以显示出对大卢舍那像龛的重视。

整个佛龛共雕 9 尊大像，主尊丰腴秀目，体态端庄，身体比例适度、匀称，恰到好处地应用了艺术视觉的远近法。

图86 奉先寺全景

两侧弟子、菩萨、神王、力士体量高度依次递减，形成等腰三角形构图，与主像相互呼应，浑然一体，整体布局给人良好的视觉效果，令人震撼，具有极强的感染力（图86）。

◎ 不可错过　奉先寺卢舍那大佛

卢舍那大佛，《大毗卢遮那成佛经疏》卷一："梵音毗卢遮那者，是日之别名，即除暗遍明之义也。"这是佛在显示智慧与美德时的理想化身。主佛通高17.14米、头高4米，仅耳朵就有1.9米。大佛头顶为涡旋纹发髻，面部丰满圆润，鼻梁高挺，嘴角微翘，眼部刻画则采用立体感极强的透雕，使卢舍那大佛的形象更加饱满、丰富、栩栩如生。她的双肩宽厚，衣纹简洁流畅，精美的火焰纹背光，衬托出她如日如月的光辉（图87-1、图87-2）。

望着佛祖睿智、慈祥的目光，我们似乎透过历史的风尘，

图 87-1 奉先寺卢舍那佛头部特写

图 87-2 奉先寺卢舍那大佛头部特写

看到了社会的进步,大唐的文明。当你抬头瞻仰卢舍那大佛的圣容时,她那极具东方女性典雅的神韵,不由得让世人认为这就是一代女皇武则天的形象。

◎不可错过　奉先寺弟子阿难

弟子阿难,浓眉细眼,聪慧可爱,年轻的面容上流露出孩子般的稚气。仔细观察会发现,阿难的眼神有些微微向上,似乎正在领悟佛法的精妙(图88)。阿难博闻强记,释迦牟尼涅槃后的第一次结集,阿难口诵出释迦牟尼游化传法时的言论,自此佛经产生。这也是为何佛经的开头都有"如是我闻"四字的原因。

◎不可错过　奉先寺文殊、普贤二菩萨像

文殊、普贤两位菩萨头戴花蔓宝冠,上身袒露,披帛缭绕,璎珞华丽,下束长裙,风度翩翩,腰身略带曲线。矜持的面部情态,端庄的身姿造型,动感的服饰装束,展现出一副雍容华贵的精神气质(图89-1、图89-2)。

◎不可错过　奉先寺神王、力士像

大像龛南北两壁上,各雕琢有一神王和一力士,北壁神

图 88　奉先寺南侧阿难像

图 89-1 奉先寺文殊菩萨像

图 89-2 奉先寺普贤菩萨像

图 90　奉先寺南壁神王力士造像

王身穿铠甲，左手叉腰，右手托塔，脚蹬战靴，眉宇之间充满着英武之气。力士眉毛高挑，怒目圆睁，脖筋暴起，肌肉凸显，透露出暴躁刚烈的性格。南壁神王、力士风化严重，残存的部分仍能让人们领略其神采（图90）。

◎ 不可错过　奉先寺立佛像

大像龛北西南三壁雕刻有48身高约2.38米左右的高浮雕立佛，是以大唐内侍省高力士、杨思勖为首的百余名宦官，为唐玄宗所造。这些立佛像皆高肉髻，波状发髻，

图 91　奉先寺立佛造像龛

面庞浑圆，身着袈裟，表情祥和，有些袈裟上的颜色至今依稀可见（图 91）。

◎不可错过　远眺奉先寺

大卢舍那像龛顶部有一条长达 120 米的人字形排水沟，发现于 1976 年，是古人在开龛造像时所建。后经维护，今天仍在发挥着很好的排水作用，这是中国石窟寺中保存最为完整的一处排水系统。壁面上的方形孔洞是宋金时期，人们为了保护奉先寺，修建木构建筑安装梁枋所留下的痕迹。

据佛座北侧的《河洛上都龙门山之阳大卢舍那像龛记》记载，奉先寺是唐高宗所创，咸亨三年（672）皇后武则天助脂粉钱2万贯，上元二年（675）完工。主持工程的是韦机和樊元则，以及唐代净土宗大师善导、西京法海寺主惠暕，还有支料匠李君瓒、成仁威、姚师积等人，他们共同创建了这一规模宏大、艺术精湛的石刻代表作品（图92）。奉先寺是唐代这一伟大时代的象征，不仅向我们展示了佛教在唐

图92 奉先寺远眺

代空前繁荣的景象，也代表着国家的最高艺术水准，向今天的人们再现了 1300 多年前的盛世大唐。

第 1394 窟（党屈蜀洞）

党屈蜀洞高 2.54 米、宽 3.03 米、深 3.39 米，位于药方洞上方的峭壁上，马蹄形平面，穹隆顶。洞窟开凿于北魏晚

图 93　党屈蜀洞正壁

期，因洞窟内有一小龛留有造像记，"党屈蜀自为己身造像一区"，所以该洞窟得名党屈蜀洞。正壁坛上造一佛二弟子二菩萨五尊像，主佛通高 2.11 米，舟形身光，圆形头光，高肉髻，面部剥蚀，着褒衣博带式袈裟、僧祇支，胸结带，结跏趺坐于坛上，衣褶遮覆坛前。弟子头残，双手均置腹前，北侧弟子膝部以下残失，立圆台上。菩萨桃形头光，北侧菩萨戴花冠，面残，宝缯垂肩，佩项圈，披巾腹前交叉穿璧，胸束带，左手提物垂体侧，右手残于胸侧，立覆莲台上。南菩萨残失（图 93）。

◎不可错过　党屈蜀洞刘宝睿造像龛

此洞窟内，留有唐代造像题记 9 则，而刘宝睿一家独占 3 则。在仪凤二年九月，因其妻赵二娘病故，刘宝睿为她造像 2 龛，表明了夫妻感情甚笃，难以忘怀。8 个月后，即仪凤三年五月，因刘宝睿续娶妻子范氏怀孕，祈求身孕平安又造像 1 龛（图 94）。这一现象说明在当时的社会现实中佛教信仰已深入人心，事无大小均有求于佛祖。

◎不可错过　六狮洞狮子像

六狮洞高 1.47 米、宽 1.93 米、深 2.32 米，位于药方洞

图 94 党屈蜀洞北壁刘宝睿造像龛

和古阳洞之间的峭壁上，约造于北魏孝明帝时期。洞内三壁设有高坛，造三世佛。三壁坛基上各刻有 2 身狮子像，共 6 身，均高 0.4 米左右。西壁下方的 2 身狮子相对蹲坐，侧耳聆听，双目圆睁，口伸长舌，前爪一个蹬地一个抬起，充满动感。南壁下方的 2 身狮子和西壁的 2 身狮子非常相似。唯有北壁的 2 身狮子显得格外有趣，它们一雄一雌，相背蹲坐，回首怒视。雄狮鬃毛丰满，垂至前胸，皮毛光滑，一副狮王的雄姿；而雌狮两眼圆瞪，狮齿外龇，显出生气的神态，似乎它俩刚刚结束一场打斗，显得互不服气的样子。这 6 身狮子像皆尾巴上翘、神态昂扬，雕刻手法虽简洁概括，却极为传神，而且保存完整，十分难得（图 95）。

第 1504 窟（北市丝行像龛）　商业行会造像之一

北市丝行像龛高 2.8 米、宽 2.9 米、深 2.76 米，位于古阳洞上方，开凿于唐代，因窟楣上刊刻有"北市丝行像龛" 6 个楷书大字而得名。洞窟北壁的一则碑刻题记中有社老李怀璧、平正严知慎、录事张神剑、杨琼璋等人，洞内另一则碑刻题记中有社老刘德、社官宗应、社人魏知里等人。从这两则题记中我们可以知道当时丝行行会设有社老、社

正壁左侧　　　　　　　　　正壁右侧

北壁左侧　　　　　　　　　北壁右侧

南壁右侧　　　　　　　　　南壁左侧

图95　六狮洞

官、平正、录事等职位，组织结构比较严密，题记中人应是丝行中各级部门的负责人（图96）。

这些题记的出现，也将丝绸之路的商业贸易与龙门石窟的造像功德联系在了一起。

◎不可错过　北市丝行像龛西壁背光

窟内平面呈前窄后宽形，后壁设坛，坛上造像已不存在，留有舟形身光，外火焰纹，背光自内向外分别饰以莲花、卷

图96　北市丝行龛外景

草纹、伎乐人、火焰纹等（图97）。刻10身伎乐天，现存8身，圆形头光，分2层，内层一周双圆复瓣莲花，外层一圈卷草纹，间刻七佛。头光中心距坛1.13米。这一现象说明，石窟开凿发展到一定阶段，要么所在岩石不易雕造佛像，要么崖壁高耸增加了造像的难度，或者是发愿之人要求短时间

图97 北市丝行像龛西壁背光

内完成开窟造像工程。以上诸多原因，都会促成在洞窟中刻出附属雕刻，比如背光、头光之类，在石作场定制做好圆雕像后移至洞窟中。

第1419龛（北市香行像龛） 商业行会造像之二

香行龛高1.7米、宽1.68米、深1.54米，位于古阳洞

图98 北市香行龛正壁造像

和药方洞之间,因洞内北壁刻有"北市香行社"造像题记而得名。"U"形平面,穹隆形顶。顶及前部残,造一佛二菩萨。主佛通高1.25米,头残,着双领下垂式袈裟、僧祇支,结跏趺坐于仰覆莲束腰圆座上。在莲花座的束腰部位饰以一圈硕大的宝珠,十分独特。北菩萨大部残,佩项圈,左手提瓶垂体侧;南菩萨头残,佩项圈、腕钏,斜披络腋,双璎珞腹前穿璧分垂,左手残于胸前,右手提巾垂身侧。二菩萨均立仰覆莲圆台上(图98)。

◎ **不可错过　北市香行像龛外北壁题记**

位于窟内北壁左胁侍菩萨像外侧造像题记,提到北市香行社成员安僧达、史玄策、康惠登、何难迪、卫善庆等人。社团成员中有安、史、康、何等姓氏,这些姓氏分别是安国、史国、康国、何国等中亚国家的商人。唐朝时来洛阳经商的外国人很多,他们通过丝绸之路来到东都洛阳,并参与龙门的开窟造像,这就为龙门石窟的功德群体增添了西域人(图99)。

北市香行像龛是唐东都北市从事香料行业的一批商人所造洞窟。"香行"的出现,反映了当时行会组织的成熟,也反映了香料行业的繁荣。

图99 北市香行龛北壁

第1443窟（古阳洞）　无与伦比的精华所在

古阳洞高11.2米、宽7.27米、深11.83米，是龙门石窟开凿时间最早、内容最为丰富的大型洞窟。洞内从四壁到窟顶布满了大大小小的佛龛1000多个。来到古阳洞前，我们会发现：主佛离地面很高，端坐在高台座上，这是因为古阳洞经过了多次向下扩凿，也就"抬高了"正壁主像（图100）。古阳洞的主佛为释迦牟尼，面容清瘦，表情祥和，身着褒衣博带式袈裟，衣纹显得尤为细密，比起云冈石窟早期的北魏佛像已经有了明显的变化，具有十分显著的秀骨清像的艺术特点。侍立于主佛两侧的二菩萨，眉清目秀，身躯略有曲线，其配饰十分华丽。主佛右侧胁侍菩萨脚下有一个水月观音像龛，观音端庄慈祥、气质高雅，左腿支起，右腿下垂，左臂置于左膝上，姿态优美，长裙垂于台上，似有丝绸般的质感，身前饰披帛璎珞，装饰十分繁缛（图101）。由造像记可知，该龛完成于北宋初年，是古阳洞内最晚完成的纪年造像龛，也表明古阳洞内的造像活动持续了400余年之久。

位于南壁的新城县功曹孙秋生、刘起祖200人等造像龛，龛内造一佛二菩萨，主佛释迦牟尼身着偏袒右肩式袈裟，结

图 100　古阳洞全景

图 101　古阳洞正壁水月观音造像龛

跏趺坐。龛下还刻有供养人、香炉和狮子。龛侧有造像记，开头写"大伐太和七年……"。北魏早期称"代"国，后改为"魏"，此处的"大伐"即"大代"（"伐"是"代"之俗写增笔字）。题记还明确提到了造像的起止时间，为"太和七年（483）至景明三年（502）"，此龛历时20年才得以告竣，个中缘由耐人寻味。新城县，位于现洛阳市伊川县平等乡一带。孙秋生、刘起祖是北魏新城县的功曹，功曹为汉代时所设官职，多由本地大族权贵任职，位居六品至九品。孙秋生和刘起祖在孝文帝迁都洛阳之时，组织包括官员在内的200人造像，祈"国祚永隆，三宝弥显"，表示对北魏王朝的忠诚（图102）。碑中所记功德主只有146人，再结合碑文中上半部分字体偏大，下半部分字体偏小，可知应是受碑体面积所限制，所以未能记录全部功德主的名字。

北壁的陆浑县功曹魏灵藏、薛法绍造释迦像龛，龛内造一佛二菩萨像，主佛释迦牟尼着偏袒右肩式袈裟，在僧祇支边沿饰有联珠纹（图103）。龛楣华绳雕刻精美，龛梁为2身双头龙，形象生动。陆浑县位于现洛阳嵩县境内，魏灵

图102 古阳洞南壁孙秋生造像龛

图103 古阳洞北壁魏灵藏造像龛

藏、薛法绍是北魏时期的当地官吏。1935年,奸商韩和德为了独占市场,大量拓取《魏灵藏》拓片后,将原碑砸毁,致使原文218字的《魏灵藏》造像碑,现在仅存约70字,是二十品中人为破坏最严重的一品。与此碑同遭厄运的还有洞内的《解伯达》造像记。

北壁杨大眼造像龛,主佛释迦牟尼面部虽残,但依稀可辨其凤目微启、嘴角上扬,流露出祥和亲切的神情(图

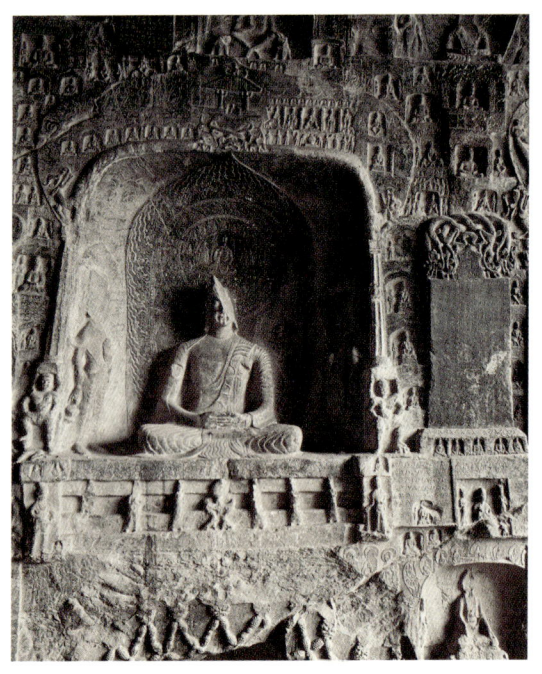

图104 古阳洞北壁杨大眼造像龛

104)。杨大眼,北魏名将,南朝人形容他眼大如车轮。《魏书》上说他"少有胆气,跳走如飞"。他曾在发髻上系一根三丈左右的长绳飞奔,"绳直如矢,马驰不及,见者莫不惊叹"。宣武帝初年,杨大眼奉命南伐,斩南朝辅国将军王花,虏首7000余人,且追奔至汉水,拔五城。凯旋归洛路经伊阙时,他发愿开龛,开龛之时,当在正始三年(506)夏秋之际。

图 105　古阳洞北壁始平公造像龛

古阳洞北壁始平公龛造一佛二弟子三尊式，是龙门石窟早期的造像方式。主佛背光纹饰近乎高浮雕，立体感强，飞天、联珠纹、火焰纹清晰可见。与众不同的是像龛两侧有 2 身四臂托柱力士，形象神异（图 105）。围绕龛侧造像记展开的研究，对确定龙门石窟的开凿年代具有重要意义。

古阳洞北壁安定王元燮造像龛位于北壁第二层自里向外

图 106　古阳洞北壁永平纪年造像龛

第二龛，造像为一铺五尊像，可见此时期造像组合开始出现了弟子像。主尊交脚弥勒菩萨，削肩细腰，体态消瘦，披巾交叉穿璧，下着长裙，裙褶密集，巨大的裙摆覆于狮子座上。此龛题记于 20 世纪被毁严重。日本学者水野清一的《龙门石窟的研究》一书收录有完整的题记内容，从中可知此龛造于永平四年（511）（图 106）。同层像龛的造像风格与此龛类似，

图 107　古阳洞南壁佛传故事造像龛

故此龛题记的纪年对其他像龛的断代有重要参考价值。

　　南壁第二层有一个盝顶龛，龛内造释迦、多宝二佛，龛顶部，雕刻有类似连环画的佛传故事浮雕（图 107）。这组佛传故事的情节画面大致分为 11 部分。从最东侧开始依次是"乘象入胎""蓝毗尼花园""树下诞生""步步生莲""九龙灌顶"；再从西往东依次是"报喜""阿私陀占相""立

图 108　古阳洞南壁佛传故事造像龛（局部）

为太子""山林之思""遣散仆马"，最后将故事结局"树下成道"放置于最中间。

这组佛传故事无论是在情节的选择上，还是在构图的安排上，都是经过精心的构思和设计的。尤其是将"树下成道"置于正中央，使高潮更加醒目、主题更加突出。各个情节之间彼此呼应、衔接的关系也处理得自然合理，显示了我国古代匠师丰富的艺术想象力和娴熟的艺术表现力（图 108）。

古阳洞北壁尉迟龛位于古阳洞北壁上方，是尉迟夫人为自己的亡子开凿的。龛内造一铺三尊像，主尊为交脚弥勒。

在龛西侧有一供养人,身着翻领胡服,手持莲花,虔诚供养(图109)。尉迟是孝文帝的亲信丘穆陵亮的夫人。丘穆陵亮曾负责新都洛阳的营建,是北魏朝廷最有影响力的官员之一。丘穆陵是鲜卑姓氏,迁洛阳后改为汉姓穆。

图109　古阳洞北壁尉迟造像龛

图 110　古阳洞元详造像龛

　　元详龛位于尉迟龛的上方，龛内造一铺三尊像，主尊为交脚弥勒。元详龛的下方雕刻了一幅礼佛图，礼佛图内供养人皆身着汉服，这表明笃信佛教的北海王元详是"孝文改制"最忠实的追随者之一（图 110）。他是孝文帝的亲弟弟，拓跋王族的重要成员，极受孝文帝恩宠，孝文帝在临死前更是托孤于北海王，任命其为顾命大臣辅政，足见孝文帝对他这个弟弟的信任。

◎不可错过 高树龛

古阳洞北壁高树龛的释迦牟尼头像早年被盗,流落海外80多年,于2005年10月同另外6件龙门石窟的珍贵文物一起回归故里。回归的这尊释迦头像高0.32米,保存完整,面容清秀,棱角分明,脸型瘦长,修眉细眼,鼻梁高挺,庄严之中透出几许慈祥,是北魏时期"秀骨清像"的优秀范例,显示出了当时精湛的雕像技艺和高超的艺术水平(图111-1、图111-2)。

图111-1 古阳洞北壁高树造像龛佛头

图111-2 古阳洞北壁高树造像龛

◎不可错过 龙门二十品

龙门二十品是从龙门北魏碑刻中精选的20块造像记,"品"是书法家对碑刻的雅称。造像记,就是开窟造像者的发愿文,上面记载着他们造像的原因、日期、造像的名称、造像者的官职、籍贯等内容。龙门二十品历来是中国书法家和书法爱好者临摹的精品,更是中国文字发展史上的一个重要环节。

龙门二十品简表

序号	名称	简称	高、宽(厘米)	位置	刻写布局	时间(公元)
1	长乐王丘穆陵亮夫人为亡息牛橛造像记	牛橛 长乐王 尉迟	65 33	北壁	7行满行16	485
2	一弗为亡夫张元祖造像记	一弗 乙弗	11 31	北壁	10行满行3	496
3	比丘慧成为亡父始平公造像记	始平公	75 39	北壁	10行满行20	478
4	北海王元详造像记	元祥	75 40	北壁	9行满行18	498
5	司马解伯达造像记	解伯达	12 34	北壁	14行满行5	477–499
6	北海王国太妃高为孙保造像记	孙保 高太妃	39.5 25	窟顶	5行满行12	
7	云阳伯郑长猷为亡父母等造像记	云阳伯 郑长猷	50 34	窟顶	8行满行12	501

（续表）

序号	名称	简称	高、宽（厘米）	位置	刻写布局	时间（公元）
8	孙秋生刘起祖二百人等造像记	孙秋生	112 49	南壁	15行满行39	502
9	高树解伯都三十二人等造像记	高树	38 27	北壁	10行满行14	502
10	比丘惠感为亡父母造像记	惠感	17 39	北壁	14行满行7	502
11	广川王祖母太妃侯为亡夫贺兰汗造像记	贺兰汗 广川王	51 37	窟顶	5行满行10	502
12	马振拜等三十四人为皇帝造像记	马振拜	55 22.5	窟顶	9行满行15	503
13	广川王祖母太妃侯为幼孙造像记	侯太妃 太妃侯	25 80	窟顶	22行满行6	503
14	比丘法生为孝文皇帝并北海王母子造像记	法生	33 34	南壁	11行满行13	504
15	杨大眼为孝文皇帝造像记	杨大眼	75 40	北壁	10行满行11	
16	安定王元燮为亡祖等造像记	元燮	24 38	正壁	13行满行9	507
17	齐郡王元祐造像记	齐郡王元祐	37 36	南壁	16行满行16	517
18	比丘尼慈香慧政造像记	慈香	38 38	660窟	19行满行11	520
19	比丘道匠造像记	道匠 大觉	23 45	北壁	13行满行7	
20	魏灵藏薛法绍造像记	魏灵藏	73 39	北壁	10行满行11	

注：二十品除慈香一品位于第660窟正壁外，其他均处古阳洞中。

魏碑体是从隶向楷过渡的一种中间书体,因在"过渡",故形无常态,面貌多样。在继承借鉴隶书的古朴风韵的过程中也融合了南朝书体的优点,经过不断地探索、实践,使之具有了成熟独特的书法艺术美感,为日趋完美的隋唐楷书奠定了坚实的基础。初唐欧阳询、褚遂良等大家都曾受益于魏碑。魏碑字体中的一些字并不重字形点画的匀称,在结字重心聚中的原则下,任意伸缩。其运笔的轻重、转折宛如乐律一般,于险峻放纵之中求均衡和谐,表现出了魏碑书法特有的艺术美感,别有一番古朴自然的意趣(图112-1、图112-2)。

第1387窟(药方洞) 因药方而成名

药方洞高4.03米、宽3.7米、深5.16米,马蹄形平面,穹隆顶。位于古阳洞北侧,因窟内刻有诸多唐代药方而得名。洞窟始建于北魏晚期,经东魏和北齐,直到唐初仍有雕刻。窟外有一仿木的石质窟檐,为现代保护石窟的措施之一,建于20世纪90年代。

药方洞正壁造一佛二弟子二菩萨,窟外两侧造二力士。主佛通高3.25米,舟形身光,直达窟顶,外饰火焰纹,桃

图113 药方洞正壁造像

形头光,内饰复瓣莲花,外刻七佛并二胁侍菩萨,间刻以莲花。肉髻,面部略方,神情庄重,着褒衣博带式袈裟、僧祇支,胸结带,左手仰置膝上,右手残,结跏趺坐于方座上,衣褶遮覆座上。座前刻一香炉二狮子。弟子双手合十胸前(北侧头残），虔诚肃立于圆台上。菩萨桃形头光分三层，内饰复瓣莲花，外饰火焰纹，中间北侧草纹，南侧为几何纹。菩萨像头残，佩项圈、腕钏，斜披络腋，胸束带，双璎珞腹前穿璧，披巾横过身前二道。北侧菩萨左手提物于体侧，右手持物置胸前；南侧菩萨左手（残）执麈尾搭肩，右手残于体侧。均立覆莲台上。这5尊佛像，身躯僵直，少曲线，脖子短粗，身体硕壮（图113）。佛和菩萨衣服宽松，褶纹稀疏。此种风格是由北魏"秀骨清像"向唐代"丰腴饱满"转化的一种过渡。关于主佛造像的年代问题，目前有北齐说、隋代说和初唐说三种。

◎**不可错过　药方洞石刻药方**

在洞窟内左侧甬道雕刻一块刊刻于北齐武平六年（575）的比丘道兴造像碑，石刻药方就刊刻在道兴碑的边沿处（图114-1、图114-2）。碑文这样写道："自非倾珍建像，焉可识彼遗光？若不勤栽药树，无以疗兹聋瞽。"也就是说，出资开龛造像，犹如勤栽药树一样，可以治疗耳聋眼瞎等疾病，解除人们的灾难困苦。所以有学者据此认为洞窟开凿于北齐，实际上两者没有关联，碑文内容表达的意义在于做功德与得福报的辩证关系。

图 114-1　药方洞北甬道药方

图 114-2　药方洞药方刻字特写

据考证药方内容源于唐代孙思邈所著的《千金方》和《千金翼方》，现存共有153个，治疗病症57种，涉及内科、外科、五官科、皮肤科、产科等。药方中的药材多是常见的动物、植物、矿物等。这些石刻药方在制剂方法上有丸、散、膏、汤等；在用药方式上，有内服、外洗、熏、敷等；在灸法治疗方面，有配合药物的，有配合针刺的，有灸、药、针三者并用还外加敷、洗的。龙门药方是我国现存最早的石刻药方，反映出我国隋唐时医药学已相当发达。公元10世纪，日本医学家丹波康赖所著的《医心方》一书中，就收录有龙门药方洞的95个药方，称为"龙门方"。

◎不可错过　道兴造像龛

窟门左甬道上方方形帷幕龛，高69厘米、宽60厘米、深13厘米。龛内设坛，饰以仰莲瓣，高4厘米、深9厘米。龛顶饰垂帐，造一佛二弟子二菩萨二力士。主佛通高20厘米，坐高15厘米、肩宽8厘米。桃形头光，头部漫漶，着褒衣博带式袈裟、僧祇支，结跏趺坐于束腰方座上。弟子头残，双手合十胸前。菩萨桃形头光，全身漫漶，左手垂体侧，右手置胸前。力士像全身模糊不清。胁侍像均立坛上。龛下三个圆拱附龛内刻一香炉二狮子。圆拱龛间存有"邑师道兴"

的题字(图115)。造像记位于下方,碑文为:

夫金躯西奄,仪像东流,宝相即沈,□□□化。自非倾珍建像,焉可识彼遗光。若不勤栽药树,无以疗兹聋瞽。然今都邑师道兴,乃抽簪少稔,早托缋门。八相俱闲,五家俱晓。爰有合邑人等,并是齐国芳兰,乡中昆璧,同契孔怀,和如骨血。人抽妙□,敬造释迦尊像一躯并二菩萨,□僧侍立,事广难名,天花杂状,寻形叵遍。欲使崇真之士指瞩归依,慕法之徒从兹悟解。以此微诚,资益邑人,师僧父母,七世归真,现存获福,皇祚永延,含生普润,共越死河,同升彼岸。□□□□□文,大齐武平六年岁次乙未六月甲申朔功记。

图115 药方洞甬道道兴造像龛

第1519窟（火烧洞）　与火无关的洞窟

火烧洞高10.19米、宽10.20米、深12.06米，马蹄形平面，穹隆顶。位于古阳洞上方的崖壁上，是北魏王朝在龙门石窟开凿的最大一座洞窟（图116）。火烧洞得名原因有二：其一，窟门浮雕一大型的火焰纹装饰；其二，窟内造像损毁严重似火烧过一样。正壁造一佛二弟子二菩萨，但可惜的是5尊大像全部残损，我们已经无法辨识其当年的风貌。

慧荣造像龛，位于洞窟南壁主佛右侧胁侍菩萨衣裙下摆的旁边，是一个保存完整的盝顶龛，龛内造一佛二弟子二菩萨5尊像，在龛内坛基两侧各有1身胡跪供养比丘，体型较小，似小沙弥形象。龛的下方有碑刻题记，从题记的内容可知，该龛是大统寺比丘慧荣于正光三年（522）所造，是火烧洞内现存纪年最早的小龛，对考证火烧洞开凿年代具有重要的参考价值。在题记的两侧各刻1身站立的供养比丘，身体修长、双手合十、虔诚肃穆。在像龛两侧各有一方形附龛，龛内各雕1身立佛。

◎不可错过　火烧洞窟楣

火烧洞的窟楣浮雕为尖拱火焰纹，火焰纹的正中刻一宝

图116 火烧洞外景

盆,宝盆内雕刻了3个宝瓶,其中一个宝瓶直立向上,另外两个宝瓶较小,斜向左右上方,宝瓶内插有莲花。在这里,火焰纹代表光明,3个宝瓶则象征佛、法、僧,这种构图在国内北魏石窟中仅此一例。火焰纹两侧上方分别刻东王公和西王母乘龙图。东王公所乘之龙,龙头上有双角,张口吐火焰,飞翔于朵朵彩云之上。西王母所乘之龙与东王公所乘之龙相似,但头上没有角,而且口中没有吐火焰。这两条龙形体雄健生动,身长达3.1米,是国内已知时代较早形体较大

图 117-1　火烧洞窟楣

的巨龙浮雕。火烧洞的窟楣装饰为全国石窟所罕见，经历了千年之久，依然保存良好（图 117-1、图 117-2）。

◎ **不可错过　火烧洞西壁胡智造像龛**

位于主佛佛座的南侧，有一龛剥落得非常严重，但由题记可知该龛是胡智所造，她是北魏清河王元亶的王妃、胡灵太后的侄女。碑中出现的胡智之子元善见就是东魏的第一位皇帝——孝静帝（图 118）。

图 117-2　火烧洞窟楣特写

图 118　火烧洞正壁胡智造像龛

第 1609 窟（皇甫公窟）

皇甫公窟高 4.7 米、宽 4.78 米、深 7.25 米，马蹄形平面，穹隆顶，是北魏时期胡太后的舅舅皇甫度所开凿的。窟门外南侧有造窟碑，碑刻虽风化严重，但"太尉公皇甫公石窟碑""孝昌三年"等字迹还是清晰可见。洞窟完工于公元 523 年。身为外戚的皇甫度，位高权重，积聚了大量的财富，得以开凿了这所洞窟，也是龙门北魏石窟唯一完工的一个。

洞窟窟楣为仿木构建筑，窟檐正中有金翅鸟，尖拱内雕刻有七佛，拱门两侧为二龙头，拱角下方分别刻束腰状莲花倚柱，门楣上方各雕一伎乐人，南侧持曲颈琵琶，北侧握横笛，仿佛正在演奏动人心弦的音乐。在两伎乐中刻一莲花化生童子，周围以忍冬纹、卷云纹作装饰（图 119）。

洞窟正壁设高坛，坛上造一佛二弟子四菩萨 7 尊像。主佛像，通高 4.30 米。舟形身光，上层饰火焰纹，下层刻忍冬纹及供养菩萨像 4 身。圆形头光分三层：外饰卷草纹，顶端刻一宝匣置覆莲上，内饰双层莲花；中间刻六层同心圆纹。主佛像头残，着褒衣博带袈裟、僧祇支，胸结带，施说法印（左手六指），结跏趺坐于坛上覆莲台上，衣褶悬覆座前。弟子像刻于主佛身光内，圆形头光，头残，双手合十，立坛上覆

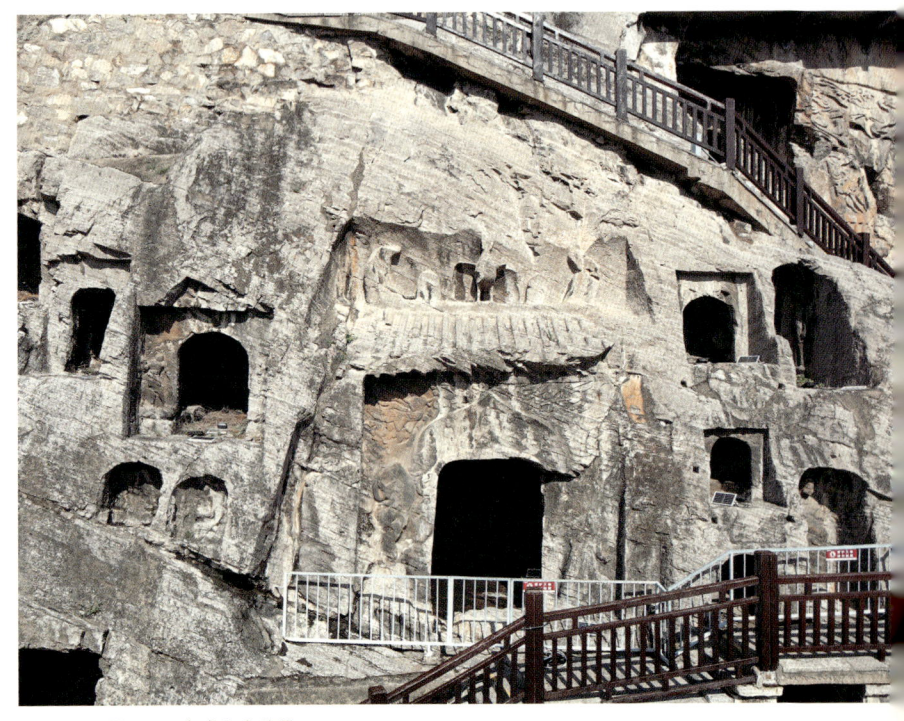

图 119　皇甫公窟外景

莲台上。内侧胁侍菩萨像桃形头光,头残,宝缯垂肩,佩项圈、腕钏,胸束带。北侧像披巾身前交叉,左手提物垂体侧,右手置胸前;南侧像披巾于身前穿璧,左手执巾垂体侧,右手残于胸前。二菩萨像均立覆莲台上。外侧菩萨像圆形头光,头残,宝缯垂肩,佩项圈、腕钏,胸束带,一手残于膝上,一手抚腿,各左右舒相坐,裙裾遮覆台座,足踏为覆莲台。胁侍菩萨像上方各存一菩提树,树上方刻供养比丘11身(北6身、南5身)及飞天1身。坛前两端各刻一狮子。狮子中间低坛上刻浮雕莲花5朵。(图120)。

图120 皇甫公窟正壁造像

有趣的是,佛像的左手为六指。根据《魏书·释老志》记载:北魏文成帝时曾造石像,要求按照帝王的形象雕造,而巧妙的是在完成石像后,人们惊奇地发现在石像的面部和脚下均有黑色石子,恰与当时帝王身上黑痣的位置相吻合,所以人们认为这是因帝王的虔诚而出现的上天感应。既然北魏时代有模仿帝王躯体镌造佛像的先例,那么作为外戚皇甫度为孝明帝所造的佛像,极有可能是参照了皇帝身体特征而进行的摹刻。换言之,这尊六指佛有可能是魏孝明帝六指形体的写真。

北壁外尖内圆龛,高3.58米、宽2.77米、深1.30米。尖拱内刻七佛,顶存宝盖及7身胁侍菩萨像。龛梁端刻反顾龙首。龛内造二佛二弟子二菩萨。佛像舟形身光,圆形头光内刻双层莲花,着褒衣博带式袈裟、僧祇支,胸结带,双臂残,结跏趺坐于束腰方座上,东侧像通高1.80米,高肉髻,全身剥蚀。西侧像通高1.80米,头残。二佛像斜向对坐。内侧二弟子圆形头光,东侧像双手合十,西侧像两手相执于胸前。外侧二菩萨像桃形头光,头残,双手合十立覆莲台上。龛两侧各刻一供养菩萨像。龛下方存一礼佛图,礼佛者15身,香炉一个。

南壁盝顶龛,高2.93米、宽3.64米、深1.13米、造一佛二弟子二菩萨。主尊像通高2.30米，舟形身光，圆形头光，头残，宝缯垂肩，佩项圈，斜披络腋，胸束带，披巾腹前穿壁，双手残，结跏趺坐于覆莲座上，坛前刻二狮子。龛顶两侧刻文殊、维摩说法图。盝顶角隅格内又刻维摩、文殊说法图（东侧残）一幅。

东壁窟门饰以尖拱形，尖拱内刻外尖内圆龛5个，中间三龛均刻二结跏趺坐佛二菩萨，外侧二龛均刻一佛二菩萨。窟内两侧各刻一圆拱大龛。

窟顶中心为一高浮雕莲花藻井，大部残，外沿饰以忍冬纹。环藻井刻飞天8身，飞天下饰忍冬纹。

◎不可错过　皇甫公窟北壁和南壁礼佛图

值得讲述的是洞窟南北两壁的礼佛图。所谓礼佛图，就是把当时人们进行佛事活动的场面摹刻到窟壁上作为永久性的纪念。北壁礼佛图，以一位中年贵妇为中心，分为四个部分。贵妇之前是三位身穿袈裟的比丘尼，前二位比丘尼，年龄较小，面目清秀，侍立在香炉两侧。第三身比丘尼是一位长者，她面相丰满圆润，表情庄重。比丘尼之后是位雍容华贵的中年妇女，她头戴象征身份的通天冠，手中拿着一朵含苞待放的莲蕾，身上穿着交领的宽袖长衫，腰间束带佩有香

图 121-1　皇甫公窟北壁礼佛图

图 121-2　皇甫公窟南壁礼佛图

囊，流露出高贵的气质，神态也显得十分怡然自得。有趣的是在贵妇身后，还出现了一个身材矮小的女童，她正在为主人拎起宽大的裙摆。贵妇身后是头戴通天冠身穿袍服的青年男子和身穿交领宽袖长衫的女性,每个人的表情都刻画得不尽相同。

南壁礼佛图的中部有一莲花宝盆,两侧各有一礼佛队伍相向而立。东侧礼佛队伍以比丘尼为引导,一贵妇手持莲花率众侍女紧随其后。西侧礼佛队伍以一比丘为引导,其后一身材高大、身着交领长袍的贵族男士立于华盖之下,身后还有两身手持莲花的男性及众侍者。整幅画面呈现出贵族家庭礼佛的真实场景。有专家认为,北壁礼佛图中刻画的形象或为胡太后和孝明帝,南壁为皇甫度夫妇等。

皇甫公窟南北两壁的礼佛图,是龙门石窟现存规模最大、最为精美的礼佛图,极为珍贵(图121-1、图121-2)。

◎不可错过　皇甫公窟地面

窟内方形地面周边环刻莲瓣,中间自坛前至窟门刻以甬道,两边各刻莲花三朵。甬道似乎是礼佛的通道,两侧的莲花,显得精美华丽。类似的地面雕刻设置,宾阳中洞也有,因为年长日久加上人为踩踏磨损,渐显模糊。这里的地面雕刻则更显重要(图122)。

图 122　皇甫公窟地面

◎不可错过　皇甫公窟北壁插花

魏晋南北朝时期，随着佛教东传，中国的原始插花与佛前供花礼仪相结合。在皇甫公窟洞窟北壁有一束颈莲花瓶，敞口、细颈、鼓腹，瓶身还装饰有莲瓣。瓶内插放莲花、莲叶，仔细观察莲叶还是侧放在瓶中，和我们今天的插花艺术颇为相似。而那花瓶中的莲花有的还是含苞的花蕾，有的已是盛开的花朵，显得生机盎然。最上部的莲花上还雕刻化生童子的形象，又增添了一丝活泼的气息（图 123）。

图 123　皇甫公窟北壁插花

第 1628 窟（八作司洞）　最美伎乐像所在

八作司洞高 4.43 米、宽 4.67 米、深 4.4 米，马蹄形平面，穹隆顶。位于西山南段，洞窟开凿于唐玄宗开元年间。因洞内北侧基坛镌刻有宋代"东京八作司石匠十一人"而得名。八作司是宋代掌管建筑行业的专门机构。

洞窟设三壁三坛，造一佛二弟子二菩萨二神王二狮子二力士。正壁主佛像通高 2.78 米，舟形身光分二层：外层刻 14 身伎乐天人；内层饰火焰纹。圆形头光，外刻九佛，内饰双层莲花。主佛像螺髻，身着通肩式袈裟，宽大的裟衣覆盖整个佛座，全身大部残，左手抚膝。座为双层束腰方座，中间饰覆莲（图 124）。上层正面两端刻托重力士 2 身，存残迹；下层正面刻 4 身，大部残。正壁坛前四个壸门内刻乐伎 2 身，舞伎 2 身。弟子像圆形头光，外饰火焰纹，头残。北侧像着交领内衣，左手执袈裟于腹前，右手置体侧；南侧像腹部以上残，侍立于束腰八角双莲座上。弟子两侧雕像依次为二菩萨、二神王及二雄狮。窟门外两侧各刻一力士像。

图 124　八作司洞正壁造像

◎ *不可错过　八作司洞舞伎像*

洞内正壁坛上的 2 身舞伎，上衣贴体，似乎透过薄衣能看到她丰腴的腰肢和圆润的小腹。她下身穿长裤着锦靴，一腿跪地以膝盖承力，一腿前伸将脚尖儿高高翘起，以足跟支撑，腰部弯曲向上舒展，双臂高举，手掌外翻。双唇紧闭，

图 125　八作司洞正壁舞伎

屏息运气,仿佛马上就要腾跳而起,既有中原舞蹈的曼妙柔美,又融合了西域舞蹈的热情奔放(图 125)。古代的匠师们,巧妙地将这幅富有动感的画面定格在了石壁之上。

◎不可错过　八作司洞乐伎像

八作司洞内雕刻有 8 身乐伎、2 身舞伎。乐伎手持的乐器各不相同,既有通过丝绸之路传入中国的羯鼓、横笛等西域乐器，又有中国本土的排箫、瑟等汉族乐器。西域乐器的传入，为汉乐注入了新鲜血液。羯鼓盛行于唐代，唐玄宗就酷爱打羯鼓，并称其为"八音之领袖"。《太平广记》卷二〇五引《传记》记载，他痴迷于打羯鼓，竟然打坏了三竖柜的羯杖。我们看这身乐伎，她侧身跪于地面，身体略向前倾，目光向下注视着身前的羯鼓，双臂置于胸前，两手各执一鼓槌，仿佛正在应着节拍全神贯注地投入到演奏之中（图126）。这生动传神的雕刻，让我们直观地感受到唐代胡乐的流行。

图126　八作司洞伎乐特写

◎不可错过　张氏瘗窟

第1850窟高1.75米、宽2.39米、深2.33米，方形平面，平顶。位于由八作司窟通向极南洞的栈道旁边。洞内后部设一石棺床，高0.45米、深1.08米。棺床距窟门1.02米。窟门外两侧各刻一方形附龛，龛各刻一持剑门吏立方台上。窟门两侧下方各刻一狮子。龛上造窟铭脱缺严重，识读困难，具体内容所知凤毛麟角。因为具有重要性，故记录残存刻字为：

故赠使持节相州刺史萧元礼妻张□佛，□□□□真□知□□之□为不□□晤至道□□□□□□体之源。在

图127　1850窟外立面

不可错过的龙门

□□为□□□□因□□□此法龛。□□□□□□□□乃为铭曰。□至人立欢□□□财空□相焉。有此身□□累长为□□□□□□□□□□。

窟门遗存有封堵的遗迹,因为被盗,使得我们可以了解窟内的设计和布局。这是世俗墓葬在石窟中的具体演变,在我国葬俗研究中具有重要的意义(图127)。

第1787窟(路洞) 另类的北魏洞窟

路洞高4.15米、宽4.5米、深5.65米,平面呈方形,穹隆顶。因邻近西山路面而得名,是在北魏末年至东魏期间修建的。窟楣为尖拱火焰纹,上方刻频伽鸟。门外南侧存一力士像,但北侧已塌毁(图128)。洞窟正壁开一半圆形的帷幕大龛,雕有一佛四弟子二菩萨造像。主佛像舟形身光,外饰火焰纹,内宽带纹,存2身供养菩萨像。圆形头光内饰双层莲花。主佛像头及双臂残,着褒衣博带式袈裟、僧祇支,胸结带,结跏趺坐于束腰方座上,衣褶遮覆座前。弟子像3身存残迹,南侧2身像桃形头光,头残,双手胸前持香炉,立覆莲台上。菩萨像桃形头光,北侧像存残迹,南侧像头及双臂残,佩项圈,腰束宽带,双璎珞腹前穿璧,立覆莲台上。

图 128　路洞外景

南侧弟子、菩萨像上方刻弟子像，存 14 身，另有化生像及供养菩萨像各 1 身；北侧像大部剥蚀，残存弟子像 4 身。坛上刻莲花 5 朵，坛前刻一香炉二狮子。香炉下存一托重力士像残迹。四个弟子造像组合不多见，推测是否释迦牟尼的弟子舍利弗、目犍连、迦叶、阿难？佛座下方刻有两只相向跃起的狮子，形象生动（图 129）。

窟内两侧壁的雕刻自上而下分为 4 层：第一层均为一佛二菩萨的小龛；第二层是 4 个屋形龛；第三层为 4 个佛龛；

图 129　路洞正壁

第四层是十神王像。洞窟南壁也有着同样的布局。由此可见，这些像龛是统一规划的（图 130）。

前壁上层刻帐形龛 7 个，造像均漫漶不清。窟门北侧大部残，门南侧上层刻佛教故事画之阿育王施土。沿窟门侧纵向刻伎乐天 6 身。下层现存神王像 2 身。

图 130　路洞北壁

窟顶中央刻一高浮雕莲花藻井。莲花周围绕以密密麻麻的千佛头像，以千佛头像作为窟顶装饰在龙门石窟中仅此一例，表达了大乘佛教中万众成佛的理念（图 131-1、图 131-2）。

作为龙门最后开凿的北魏洞窟，在造像和题材的布局别具一格，既有传承的一面又有与众不同的新意。正壁造像组

图 131-1　路洞窟顶　　图 131-2　路洞顶千佛特写

合出现了一佛四弟子二菩萨，两侧壁对称刻出了屋形龛，窟顶莲花藻井周围凿刻了千佛头像，前壁窟门两侧一反常态把一般出现在窟顶的伎乐天人刻在了窟门两侧等，足以引起人们的关注。

◎不可错过　路洞降魔变

在南壁中层的一个佛龛内雕有降魔变佛传故事。画面中的释迦牟尼左手抚膝，双膝下垂，脚下有1身托重力士，佛座两侧还露出2只探头的狮子。佛右上方菩提树下魔众手持

图 132　路洞南壁降魔变

斧、长矛向佛祖袭来。左侧上方魔怪漫漶不清。从残留的画面看，刻画的正是魔王波旬率众向佛祖发动猖狂进攻的瞬间。这种降魔的题材在多个石窟浮雕中都有所表现，而释迦牟尼以善跏趺坐形象出现于降魔变中十分罕见（图 132）。

◎ **不可错过　路洞屋形龛**

洞窟南北两壁第二层对称雕有殿堂式列龛，这些像龛除了在宗教意义上把佛国天堂展现在信徒面前，从现实意义上讲，也为研究古代建筑艺术提供了完整而形象的实物资料。更为难能可贵的是：在雕刻中比较成功地应用了透视手法，具有很强的立体效果，显然比汉代绘画和壁画所表现的建筑，在透视关系上又迈进了一步（图133）。

◎ **不可错过　飞天像**

在前壁窟门右侧沿着甬道，纵向刻出一列伎乐飞天像，依稀可辨的乐器有排箫、琴、箫等（图134）。

第1896窟（北市彩帛行净土堂）　商业行会造像之三

净土堂高2.42米、宽3.1米、深2.2米，方形平面，平顶。此洞窟开凿于唐代，龛楣上刻有"北市彩帛行净土堂"8个楷书大字。北市彩帛行是经营丝绸的行会，与丝绸之路有着千丝万缕的联系。这个洞窟地面为长方形，窟顶较平。窟室坛基处留有9个凹下的八角形佛像底座痕迹，中间一排5个，南北两排各2个，表明其造像格局应该为一佛二弟子二菩萨

图 133 路洞北壁屋形龛

图 134　第 1787 窟前壁右侧雕刻

二神王二力士9尊造像。后室西壁存头光3处,存题刻2则。

◎不可错过 九品往生图

洞窟门外北壁上刻有浮雕"九品往生图",沿北侧壁崖体刻一组斜向造像,即"九品往生",共计11层,自下而上依次为:二鸟、二化生童子、二莲花化生、四结跏趺坐佛、三结跏趺坐佛、二菩萨、一人身鸟翅、不详、托钵者、三结跏趺坐佛、二结跏趺坐佛(图135)。这是《观无量寿经》净土九品往生七宝莲台的故事。念佛的善男信女去世后,阿弥陀佛会手持莲花,与观音、大势至菩萨去接引此人,此人的灵魂凭借莲花往生净土。但是,往生者平时念佛用功不同,行善多少不同,往生的快慢也不同,最理想的是"上品上生",去世时莲花顿时开放,即入西方净土,便可得见佛和菩萨。从"上品上生"至"下品下生"共分九品,"下品下生"的莲花要经年累月才能开放吧。

这幅"九品往生图"依山势呈阶梯状层叠排列,在图像旁还有"下品上生""下品中生"等榜题。据此可知,崖壁上很有可能还有其他的品等,或许都已经风化了。这里以几朵含苞待放的莲花来比喻和象征九品往生,是对这个故事的最好概括。

图 135　北市彩帛行净土堂九品往生造像

第1931窟（龙华寺） 盛唐气象下的石窟造像

龙华寺高4.45米、宽5.3米、深4.76米，位于西山南端，开凿于唐代。洞窟平面为方形，穹隆顶，三壁设坛，各造像一铺。正壁造一坐佛二弟子二立佛，北壁一善跏趺坐佛二胁侍菩萨，南壁一结跏趺坐佛二胁侍菩萨。窟门外两侧各雕一力士。

正壁主佛，通高2.50米，舟形身光外层刻伎乐天（北侧存6身，南侧由水蚀物覆盖），内层饰以火焰纹；圆形头光外刻九佛，内饰莲花（图136）。头部及右肩残，着通肩袈裟，结跏趺坐于束腰八角莲座上。束腰处刻壸门5个，内刻神王像5身，药叉4身。二胁侍弟子像双圆头光，全身残，立仰覆莲束腰圆台上。左侧束腰处刻壸门3个，造神王像3身，右侧台座仅存覆莲台。左弟子像外侧立佛像桃形头光，雕刻均剥蚀，头残，着通肩袈裟，施说法印，立仰覆莲束腰圆台上。束腰处刻壸门3个，造神王像3身。右弟子像外侧立佛像桃形头光分3层：外饰火焰纹，内饰莲花，中间刻七佛。造像头部及右手残，着通肩袈裟，左手执袈裟于胸前，立仰覆莲束腰圆台上。束腰处刻壸门3个，造神王像3身。西壁坛上刻伎乐天人4身，3身存残迹。

图 136　龙华寺正壁

　　左壁主佛像，通高 2.40 米，椅形背光，顶部刻一结跏趺坐佛，圆形头光外刻七佛，内饰莲花，头及左肩残，着双领下垂式袈裟、僧祇支，胸结带，左手抚膝，右臂残，倚坐束腰方座上，足踏为莲茎圆台（残）。束腰处刻壸门1个，造一神王二药叉。左侧菩萨像桃形头光（西侧被立佛像头光遮覆），外刻七佛，内饰莲花，头及双手残，佩项圈、腕钏，斜披络腋，双璎珞腹前穿璧，左手垂体侧，右手置胸前，立仰覆莲束腰圆台上。束腰处刻壶门3个，造神王像3身。东侧神王像头残，全身漫漶，着铠甲，立药叉上。北壁坛上刻伎乐天人4身，1身存残迹（图137）。

右壁主佛像，通高2.44米，圆形身光，桃形头光分三层：外饰火焰纹，内饰莲花，中间刻七佛。主佛像头残，着双领下垂式袈裟、僧祇支，双手残，结跏趺坐于仰覆莲束腰八角座上。束腰处刻壶门5个，现存神王像4身。西侧菩萨像桃形头光分3层：外饰火焰纹，内饰莲花，中间刻七佛。菩萨

图137　第1931窟左壁

像头残，佩项圈、腕钏，双璎珞，斜披络腋，腹部残，左臂残，右手提瓶垂体侧，立仰覆莲束腰圆台上。束腰处刻壶门3个，造神王像3身。东侧神王像桃形头光，头残，全身剥蚀，立药叉上。南壁坛上刻伎乐天人4身，两端存残迹。

窟顶为一莲花藻井残迹。周边刻飞天，现存6身。

窟内地面刻宝相花纹3行，每行4朵，计12朵。

窟门两侧各存一力士像。北侧像头残，佩项圈、腕钏、脚钏、双璎珞，腹部残失，立山石上。

◎**不可错过　力士像脚部特写**

北力士身挂璎珞，上身袒露，下束裙，脚踝饰镯，赤足立于山石之上。其脚趾紧抠地面、筋骨暴起，凸显出金刚力士那力大无穷的形象（图138）。

◎**不可错过　龙华寺外狮子像**

洞外南壁有一狮子形象，其右前爪扬起呈握拳状，左前爪支地，后肢蹲坐，尾巴呈伞状翘于龛外。头部雕刻细腻，鬃毛直立，三缕胡须垂至胸前，双耳后折，双眼圆睁，嘴角上扬，呈拟人化的笑意，一副得意扬扬的表情，显得十分可爱（图139）。

图 138　龙华寺外正左侧力士特写

图 139　龙华寺外右狮子

第 1955 窟（极南洞）　名相姚崇之家庙窟

极南洞高 4 米、宽 4.1 米、深 4.95 米，马蹄形平面，穹隆顶。因位于西山石窟的最南边而得名。洞外南壁有一块造像碑，虽风化严重，但从碑文中可知极南洞是姚崇的母亲刘氏带领子女为家人做功德所建。姚崇（650—721），本名元崇，因突厥叱利元崇构逆，武则天不欲元崇与之同名，改为元之，后又避唐玄宗"开元"年号之"元"字讳，直接把"元"字省掉，单名"崇"。陕州硖石（今河南三门峡东南）人，曾历任武则天、唐中宗、唐玄宗三朝宰相，是促成"开元盛世"的著名人物。

唐高宗龙朔年间（661—663），姚家在伊阙南建有"别业"。姚母刘氏崇信佛教，她于阙南来往城中路经龙门，发愿"愿男女长大，皆列班秩""即于此壁敬造一龛"。姚家子女顺从姚母共同出资开凿了此窟（图 140）。

极南洞三壁设坛，造一佛二弟子二菩萨二神王二力士 9 尊像，坛基刻 12 身伎乐像。主佛像通高 2.45 米，波状发髻，着通肩袈裟，左手抚膝，右手残，倚坐束腰方莲座上，足踏为莲茎圆台。弟子像头残，左侧像抱拳胸前，右侧像右手握左手腕放于腹前。菩萨像头残，佩项圈、腕钏，双璎珞腹前

图 140　极南洞外景

图 141　极南洞正壁

穿壁，披巾横过身前二道。左侧菩萨像斜披络腋，左手提瓶垂体侧（残），右手外扬；右侧菩萨像左手持瓶侧举，右手执巾垂体侧。弟子、菩萨像均立仰覆莲束腰圆台上。神王像头残，着铠甲，均立药叉上。神王像外侧各存一狮子残迹。三壁坛上各开4个圆拱龛。造伎乐人合计12身（图141）。

窟顶中心为一双层莲花藻井，周边环刻6身飞天。

◎不可错过　极南洞力士像

窟门外两侧，雕有2身金刚力士。北侧力士裸露上身，下束战裙，一臂上举，力托山石，脖颈呈棱状，胸肌暴凸，腹部呈梅花瓣状，造型生动有力，极富艺术夸张，被誉为龙门石窟唐代力士的代表。古代匠师在创作雕刻的过程中，把肌肉的张与弛处理得极为恰当，似乎重在刻画表现一种"神"的力量，更具威慑感（图142）。

◎不可错过　极南洞右壁狮子

狮子蹲坐于右壁窟口处，它头部侧向窟内，鬃毛呈一束束卷状排列有序，圆滚的眼珠瞪向前方，双耳竖起，龇牙露齿。其前右爪上举，掌呈梅花瓣状，肉感十足；另一爪下伸紧贴壁面。肚皮圆滚，皮毛光滑，有力的臂膀和浑圆的身体

图 142　极南洞北侧力士像

图 143-1　第 1955 窟右壁狮子　　　　图 143-2　极南洞南壁狮子

彰显出兽中之王的威武气势。这尊造型独特的狮子头部现已不存（图 143-1、图 143-2）。

◎ 不可错过　1881 号佛塔

1881 号 6 层楼阁式方塔，高 1.94 米。第一层塔身刻圆拱龛一个，造一佛二菩萨。以上每层各刻一圆拱结跏趺坐佛龛。宝珠形塔刹高 0.42 米。传统认为，佛塔的层数一般为奇数，而此塔为 6 层。由此推断，至少在唐代，佛塔层数没有特别严格的规定（图 144）。

图 144 1881 号佛龛

第 2050、2055、2062 窟（擂鼓台三洞） 龙门东山石窟的开山之作

传女皇武则天巡幸龙门香山寺时，其乐队仪仗在此击鼓奏乐，故名"擂鼓台"。擂鼓台三洞由北、中、南三所洞窟组成，是东山石窟区开凿最早、规模较大的一组洞窟。擂鼓台窟前建筑遗址在三洞前平台下方，2008 年 3 月至 8 月，考古人员对此遗址进行了发掘，总发掘面积 600 多平方米，出土各类文物 1900 多件，唐宋时期至 20 世纪八九十年代遗迹多处。为了更好地保护和传承，在此修建了擂鼓台遗址博物馆，现可供游客参观（图 145）。

擂鼓台三洞窟前遗址考古发掘的最大收获是发现了唐代窟前石作踏道。南洞窟前石作踏道位于窟前平台前端下方，是古代上行洞窟的通道。踏道长 3.84 米、宽 4.18 米、坡度约 40 度，适于登临。踏道保存有两侧的土衬石、象眼、副子和中间的石条踏（图 146）。踏道的石条均未磨光，但表面有细凿痕，雕琢平整，垒砌缝隙致密，体现出唐代较高的石作工艺，为研究唐代龙门石窟窟前踏道的演变提供了实物资料，也为研究唐宋时期寺院建筑乃至都城大型建筑前的石作踏道样式和建造方法提供了宝贵资料。

图 145　擂鼓台远望　　　　　　　　图 146　擂鼓台遗址踏道

此次考古发掘出土一件唐代残存菩萨头像，雕工精致。菩萨发髻高耸、面庞丰满、双目俯视、神情安详宁静。菩萨的发髻上还残留一块蓝色的颜料。据考证，为青金石颜料。青金石，是方钠石的蓝色变种，唐代从波斯进口，非常珍贵。菩萨头上的青金石颜料色彩鲜艳明亮，体现出佛、菩萨的殊胜与尊严（图 147-1、图 147-2）。

此次考古还出土一件唐代四龙环绕托举石灯座，形体较大，造型精美别致，可以看到 4 条石龙环绕灯柱，4 只龙爪托举上方灯座，构思巧妙（图 148）。佛教认为，佛法相传如灯火相传，辗转不绝，灯代表着光明智慧，提醒着世人追求智慧、去除愚昧。点灯供佛之人可获得相貌庄严、资财不遗，具备善根与智慧。

图 147-1 擂鼓台出土菩萨头像　　图 147-2 擂鼓台出土菩萨头像特写

图 148 擂鼓台出土灯座

第2050窟（擂鼓台南洞）

擂鼓台南洞高6.12米、宽8.05米、深6.21米，方形平面，覆斗顶，地面设有高坛。开凿于武则天时期，四壁及窟顶雕满了结跏趺坐于莲座上的造像，均为高浮雕，横向成排，上下交错，排列有序，布局生动，现存765尊（图149）。这

图149　擂鼓台南洞窟顶右坡面

图 150-1 擂鼓台南洞内造像

图 150-2 擂鼓台南洞内造像特写

些小坐像高35厘米左右，头戴宝冠，身佩项饰、璎珞、臂钏，手施禅定印、降魔印、转法轮印等，兼有佛和菩萨的特征（图150-1、图150-2）。这种造像和布局在全国石窟中颇为罕见，应为中国密教早期造像。

第2055窟（擂鼓台中洞）

擂鼓台中洞高5.91米、宽6.99米、深6.7米，马蹄形平面，穹隆顶，开凿于武则天时期，窟楣刻"大万五佛像龛"6个楷书大字。窟外崖面崩塌严重，二力士仅南侧尚可看出轮廓（图151）。窟内壁面、甬道及窟外壁面排列有序地刻有15000尊小坐佛，小佛横向成排，纵向交错，立体感强，如满天星斗一般，十分耀目。15000佛题材与礼佛、忏悔的活动有关。

正壁主尊为善跏趺坐的弥勒佛，是武则天时期盛行弥勒造像的另一种典型洞窟。弥勒佛身着通肩式袈裟，双足踏莲花，头像现藏于美国旧金山亚洲艺术博物馆。佛背光为有弧角的长方形，头以上为尖拱式，两肩以下有横竖条格，下部两侧刻有佛教特有的"六拏具"形象。此背光是龙门石窟中较为别致精美的一例。2身胁侍菩萨雕刻细腻，其中右侧菩

图 151　擂鼓台中洞外景

图 152-1　擂鼓台中洞正壁造像

萨左手拈花微扬，右臂轻松下垂，丰盈的脸庞与倾斜的身躯构成优美的身姿，洋溢着浓厚的生活气息，颇具现实社会的女性形象（图 152-1、图 152-2）。

图 152-2 擂鼓台中洞北侧菩萨像（老照片，1910 年，弗利尔）

图 153 擂鼓台中洞窟顶

擂鼓台中洞窟顶为高浮雕莲花藻井，花瓣硕大，立体感强，莲花周围刻有化佛、飞天、童子、飞鸟、宝塔、宝幢等，还刻有琵琶、长鼓、钹、筝、笛等乐器（图 153）。这些神奇的雕刻组合，烘托出佛国世界的美妙。

◎不可错过　擂鼓台中洞"一切诸佛"字样

窟顶及四壁的对应位置上刻有"上方一切诸佛""南方一切诸佛"等十方诸佛榜题。大乘佛教兴起后，佛教认为东、西、南、北、东南、东北、西南、西北以及上下十方尽皆有佛在，也就是宇宙空间都有佛的存在。而洞窟内外雕刻的15000尊小佛象征着十方一切诸佛（图154）。

图154　擂鼓台中洞刻字

第 2062 窟（擂鼓台北洞）

擂鼓台北洞高 4.31 米、宽 5.18 米、深 4.76 米，三壁设坛，造像为三壁三尊式，三佛应为法身佛毗卢遮那佛、报身佛卢舍那佛、应身佛释迦牟尼佛。窟内壁面上还雕刻有许多小型菩萨像，现存 17 身。这些菩萨都佩戴项圈，肩搭帔帛，游戏坐于仰莲上。正壁主尊毗卢遮那佛头戴宝冠，袒右肩，身上装饰有繁复的项圈、璎珞、臂钏，为典型的唐代密教造像（图 155）。毗卢遮那也被翻译为大日如来，他的智慧光照一切，利益一切众生。以大日如来为主尊的洞窟在中原北方地区石窟中很少见。

◎ 不可错过 洞窟外西域僧人浮雕

擂鼓台北洞外有一西域僧人浮雕。他衣着简朴，瘦健硬朗，深目高鼻，神情凝重。似乎他一路风尘仆仆，到东土大唐传播佛法。唐代很多域外的商人、僧侣沿着丝绸之路来到东都洛阳经商、传教。龙门石窟中出现较多的西域人形象，印证了唐代中西文化交流频繁（图 156）。

图 155 擂鼓台北洞主尊佛像

图版62 擂鼓台北洞外北侧罗汉像

第2132龛（千手千眼观音像龛）

千手千眼观音菩萨像龛高2.41米、宽1.75米、深0.44米，中部刻一身十二臂立像，宝冠正中刻有一化佛，发丝用阴线刻就，面相端庄慈祥，刻有三眼。胸前刻有四臂，腹前二臂，身两侧各有三臂。十二臂都戴有手镯，臂膀纤丽曲委，动态缤纷。菩萨身后伸展出无数小手，犹如孔雀开屏一般，宛若天生，每个掌心都刻出一眼，写意传神（图157）。据《千手千眼大悲心经》中说：观世音菩萨在过去无量劫，听千光王静住如来讲经，发誓要利益一切众生，于是长出千手千眼。全国现存唐代石刻千手千眼观音像极少，此处遗存尤为珍贵。

编号2141龛的左壁也雕刻一例千手观音像，菩萨像已残损，同心圆式的佛手背屏排列有序，且一圈为左手一圈为右手交替出现，雕刻精美（图158）。

关于千手千眼观音的来历，民间还流传着一个动人的故事。传说古兴林国妙庄王有三位美丽的公主：大公主妙金、二公主妙银、三公主妙善。妙善自幼一心事佛，执意出家，妙庄王百般劝她回宫，她始终不肯，一气之下妙庄王一把火烧了寺院，逐散僧尼，妙善幸被一只白虎驮走获救。妙庄王

图 157 千手千眼像龛全景

图 158　千手千眼像

的行径触怒了天神，于是身上长出了 500 个大脓疮，久治不愈。后来有神医说：此病须亲生骨肉的手眼才能治愈。而在家的妙金、妙银二公主都不愿献出自己的手眼。在外修行的妙善得知后，毅然献出自己的手眼为父王做药。妙庄王服药后，脓疮消失，身体康复。妙善的大孝行为感动了释迦牟尼，为了让妙善公主能拯救更多的众生，赐予她千手千眼，从此妙善公主成为千手千眼观世音菩萨。千手代表法力无边，千眼代表智慧无穷，千手千眼观音菩萨逐渐成为中国民众最为崇敬的神祇之一。

第 2139 龛（西方净土变）

西方净土变龛高 2.65 米、宽 3.15 米、深 0.67 米，分为上下 2 层。上层主佛为阿弥陀佛，左右 2 身胁侍菩萨，佛与菩萨之间及两侧雕刻有 8 身供养菩萨，有思惟状，有供养状，形态不一。主佛上方还有线刻的装饰图案。

下层刻有 8 身供养菩萨，有坐于莲花上的、有站立交谈的、有执乐器奏乐的、有翩翩起舞的，烘托出祥和美好的净土氛围。下层供养菩萨中有 1 身刻画得极为生动，供养菩萨半跪于莲花之上，袒裸上身，手臂弯曲，手托左腮，恬静优雅（图 159）。西方净土是佛教徒们梦寐以求的幸福乐园。西方净土变龛表现了美好的佛国净土世界。

所谓经变相是指以图画的形式来表现佛经中的内容，更加直观形象。此西方净土变龛的功德主很有可能是唐代诗人白居易。白居易晚年崇信佛教，时常居住在龙门香山寺，因号"香山居士"。他晚年患风痹之症，于是出俸钱三万，绘西方极乐世界。并作偈云："极乐世界清净土，无诸恶道及

图 159　西方净土变龛

众苦。愿如我身老病者，同生无量寿佛所。"

◎不可错过　菩提树叶、乐器及琵琶雕刻

主佛上方的线刻装饰图案有：重檐的殿堂楼阁，朵朵祥云间有生机盎然的菩提树叶，飞天在空中曼舞散花，飞鸟在空中回旋，系着绸带的琵琶、腰鼓、笛子等乐器飘于空中，不鼓自鸣，仙乐悠扬（图 160）。

图 160　西方净土变龛特写

第 2144 窟（高平郡王洞）　小龛造像变洞窟

　　高平郡王洞高 6.61 米、宽 9.82 米、深 6.84 米，是龙门东山石窟中规模较大的洞窟。窟内保留有 10 处造像题记，从中可知此窟为武则天执政时期高平郡王武重规出资开凿。武重规是武则天伯父之孙、武则天的堂侄，武则天称帝时被封为高平郡王。神龙年间武重规去世，此洞因此辍工。开元十年（722），香山寺惠澄法师看到了该洞未完工的佛像，十分伤感，于是发愿续凿该洞。窟门外两侧各雕有 1 身护法力士，两力士躯体向窟口对称倾斜，身束短裙，赤膊立

图 161 高平郡王洞力士

于长方形石台上。双眼暴凸,面部表情刚烈,脖筋涨起如同"燕颔"。腹肌绕肚脐隆起如梅花状,被人们形象地称为"梅花肚"。这威武强悍的形象应是参照现实社会的武将来雕造的,具有很强的艺术感染力,是龙门石窟力士像中的精品(图161)。

窟内正壁中央高浮雕5个莲花台,台上刻一佛二弟子二菩萨5尊像(图162)。主佛身穿通肩式袈裟结跏趺坐于正中莲花台上,双手施说法印。大莲花下浮雕一枝粗莲梗,

图162　高平郡王洞正壁

粗莲梗左右蜿蜒伸出两枝细莲梗,每枝莲梗上各有2个较小的莲台,上面分立着弟子、菩萨。5朵莲花莲茎相通,形象地表达出佛、菩萨、弟子一脉相连,有着独特的艺术魅力。

左侧弟子迦叶为一老僧形象,双手持一法器,笔直站立。右侧弟子阿难双手叠放在腹前,身躯扭动,气质活泼,颇具生活气息。众多石窟中弟子形象多矜持稳重,像这身弟子身躯如此扭动的形象较为少见,这也反映出唐代佛教造像世俗化的倾向。

第2169龛(卢徵造像龛)

卢徵造像龛高2.26米、宽1.33米、深1.35米,位于东山万佛沟北崖中段,开凿于唐贞元七年(791),是龙门唐代最晚的有纪年像龛。此龛是唐德宗时户部侍郎卢徵发愿所造。龛内观世音菩萨高1.93米,与真人大小无异,亦称等身观世音菩萨。菩萨头饰高髻,颈系项链,身披璎珞,帔帛长大,面庞丰满,表情略显僵硬,身躯臃肿,已无盛唐时期菩萨的细腻优美(图163)。

卢徵其人《旧唐书》卷一四六有传,龛东壁题记记述了他一段奇特的经历。当时观世音菩萨已深受世人敬仰,卢徵

图 163 卢徵龛

也莫能外。他曾因官场斗争受到牵连，两次被贬。第一次被贬途经龙门，夜宿香山寺，见到这里"灵龛天眼，亿万相对"，于是"因发诚愿：归旋之日，于此造等身像一躯"。然而因故他并未践行诺言。若干年后他再次被贬又途经龙门，忽见一白衣人大声说道："去日花开，来时果熟。"当时他并不知道白衣人所言何意。数月后，卢徵平安归来正是瓜果飘香之际。此时他猛然忆起白衣人之言如此灵验，这一定是自己虔诚信奉救苦救难观世音菩萨，菩萨显灵在冥冥之中已告知自己此行平安。这更坚定了他对观世音菩萨的信仰，于是践行诺言，并撰文记述了此事。"遂刻全身于此山巅，山既不朽，像亦长存。"题记反映出中晚唐官员中也不乏佛教信徒。

第2194窟（看经寺）

看经寺高8.4米、宽11.1米、深12.6米，位于龙门东山万佛沟北侧，是东山最大的一个洞窟。其约开凿于武则天时期，是禅宗僧人所造。为前后室结构，前室方形，窟楣风化严重，二飞天仅留有飘带残迹，二力士高大。南力士风化严重，从仅存的左肘和一只握拳上举的手，仍使人感受到其孔武有力。北力士身躯保存较好，头上束冠，双目圆睁，面部神情暴烈，脖颈粗壮，呈"燕颔"，胸腹及腿部肌肉呈块状，雄健之姿，跃然于目，大有"力拔山兮气盖世"之势，是龙门石窟典型的唐代力士造像（图164）。

窟内平面呈方形，正壁没有主像，洞窟中央建坛，现坛上佛像为他处移来。洞内东、南、北三壁壁基有浮雕罗汉像29尊，罗汉像与真人等高，形态各异，雕刻得十分传神。这29尊罗汉是释迦牟尼涅槃后的传法谱系，被禅宗称为"西

图164　看经寺窟形

土二十九祖"。禅宗是中国佛教一个较大的宗派，在当时的政治文化中心洛阳开凿如此大型的洞窟，表明禅宗在当时已十分兴盛活跃。这29尊罗汉从南壁第一尊迦叶像开始，呈逆时针排列，延至北壁菩提达摩结束，共计29尊。有意思的是：当礼佛者按照逆时针方向参观这29尊像的时候能够与他们每尊都相对而立，欣赏到这些罗汉像的面部细节，感受到洞窟营造出来的佛学意境。同时，这也告诉我们，在唐代，人们在寺庙或者洞窟内是按照左旋礼佛的方式进行礼佛活动的（图165）。

左壁西起第一尊罗汉像摩诃迦叶，是释迦牟尼的大弟子。禅宗典故记载，在灵山法会上，大梵神王给释迦牟尼献上一朵金婆罗花，佛祖随即"拈花示众"，众弟子默然，不解其意，只有迦叶"破颜微笑"，心领神会。释迦遂将传法重任嘱咐摩诃迦叶。迦叶鼻梁高挺，面颊深陷，锁骨凸出，身形消瘦，是一个饱经沧桑的老者形象，手拿一朵大莲花，回首面向阿难。迦叶俯视的目光与阿难仰视的目光交会，似乎正在嘱咐年少的继承人阿难，将传法的重任延续下去（图166-1）。迦叶头部于20世纪30年代被盗凿，2001年4月19日加拿大国家美术馆将迦叶头像送还（图166-2）。

左壁第二尊像阿难，面目舒朗，脸颊圆润，年轻俊逸。

图 165　看经寺坛上佛像左侧面

图 166-1 罗汉像

图166-2 看经寺南壁回归的迦叶像

手中的莲花与迦叶所持莲花前后呼应，似乎已接过了传法重任。阿难手持莲梗的手姿美妙灵动，颇具艺术感。他曾劝说释迦接纳妇女为僧团成员，之后佛教僧团中开始出现女性成员。在禅宗的传法谱系中，他成为继迦叶之后的第二位祖师（图167）。

第3尊罗汉为末田地，他左手握锡杖，右手持佛珠，神情坚毅，倚杖前行，是一位饱经风霜的苦行僧形象。我们从

图 167 看经寺阿难像

这条锡杖上凹凸的纹路来看，一定是由一种质地坚硬的木本植物制成的，与他坚毅的神情形成呼应（图168）。佛珠又称念珠，是僧人念佛号或经咒时用以计数的工具。后来锡杖与佛珠都成为佛教法器。这坚硬质朴的锡杖与佛珠正是高僧常年修行的标志。

第8尊罗汉佛陀难提，头顶高高隆起，似乎蕴含着无限的智慧，眉骨凸出，鼻梁高直，双手拱握，神情肃穆。这尊罗汉像彩绘保存得较好。我们可以看到他内着黄色僧袍，外披一件黑色袈裟（图169）。袈裟又称缁衣，隋唐时期僧衣一般用黑布制作，故僧人也称"缁衣"。

第12尊罗汉马鸣，身体略微前倾，右手拂胸，左手握住袈裟一角，神情安详睿智（图170）。马鸣是古印度著名的佛学大师和佛教诗人。他精通佛法，闻听他说法者莫不开悟，据称连马匹也"垂泪听法"。人们因"马解其音"，故将他称之为"马鸣"。他著有《佛所行赞》《美难陀传》《大乘庄严经论》等佛教著作与诗集。

第14尊龙树,头部较大,目圆鼻丰,颧骨凸出,相貌怪诞,奇而不丑，面部微微上扬，神情沉稳，哲思睿智。透过袈裟我们可以感受到那消瘦单薄的身体。他双手抱握胸前，似乎正缓步向前（图171）。龙树为古印度大乘佛教中观学派的

图 168　看经寺南壁罗汉像

图 169　看经寺南壁罗汉像

图 170　看经寺正壁罗汉像

图171 看经寺正壁罗汉像

创始人，也是著名的佛教哲学大师。他著有《中论》《大智度论》等著名佛教经典，这些经典经鸠摩罗什翻译后传入中国，对中国大乘佛教产生了深远的影响。

　　第25尊罗汉婆舍斯多，袈裟宽大，身形消瘦。左手持经箧，经箧盖由两根细绳系而下垂，逼真生动（图172）。古印度佛教经文都是用铁笔写在贝多罗树叶之上，所以又称

图 172　看经寺右壁罗汉像

"贝叶经",贝叶易碎,不易保存,所以都要存放在经箧之内。他右手拿一硕大宝珠,宝珠为佛教七宝之首,能够去除黑暗带来光明,寓意像明灯一样光照世间。

◎ 不可错过　看经寺第 29 尊罗汉像

第 29 尊菩提达摩，着偏袒右肩式袈裟，身形消瘦，右手拿经箧，左手握袈裟一角，一副印度苦行僧的形象（图 173）。菩提达摩是"西天二十九祖"中最后一位传法祖师，他于南朝梁武帝时期从印度南部渡海到达广州，后与梁武帝

图 173　看经寺北壁罗汉像

会面。然而话不投机，于是达摩一路北行来到北魏都城洛阳。洛阳有着浓郁的佛教氛围，当时洛阳城中最大的寺院永宁寺刚竣工不久，面对这闻所未闻的辉煌建筑，让这位自称活了150岁且目睹了无数寺院的天竺高僧惊叹不已，于是决定留下来传习禅宗。据说达摩曾在嵩山少林寺面壁9年，人称壁观婆罗门，后被中国禅宗尊为"中土初祖"。

◎**不可错过　看经寺窟顶飞天像**

看经寺窟顶为莲花藻井，莲花周围刻有6身飞天，刻工细致。飞天裙带飘飘，身姿曼妙，飞翔自如，轻盈灵动。敦煌莫高窟彩绘飞天与此处飞天风格相同。然而此处石刻飞天则更具有立体感，极为生动。这6身飞天是龙门石窟飞天雕刻的代表作（图174）。

"龙门铭碑"位于龙门东山看经寺北侧，刻于北宋。碑文起首"御制御书并篆额"。北宋时开封汴梁为东京，洛阳为西京。由于开国皇帝赵匡胤为洛阳人，皇亲国戚、重臣达贵多家于洛阳，其繁荣程度不亚于东京。北宋皇帝更是多次驾幸西京洛阳。大中祥符四年（1011）宋真宗赵恒去山西汾阴祭祀了后土地祇，回到洛阳后，游幸了龙门，心情极佳，亲自赐书刻碑，是为"龙门铭碑"。碑文描绘了洛阳形胜之

图 174　看经寺顶飞天局部

地,并对龙门风光大加赞赏,留下了"夏禹浚川,初通阙塞,周成相宇,肇建王城""灵葩珍木,接畛而扬芬,盘石槛泉,奔流而激响"等佳句。文章用词精美儒雅,展现出宋真宗不凡的文学功底。

《书史会要》中称宋真宗善书,得晋人风度。观此碑,宋真宗的书法比之唐楷,更加规整华丽,底蕴深厚,一笔一

图175 "龙门铭碑"拓片

画皆楷书之典范,此碑颇见其书法功力(图175)。"龙门铭碑"与褚遂良的"伊阙佛龛之碑"并称为龙门楷书艺术的"双璧"。

第2220窟(四雁洞)

四雁洞高4.1米、宽4.94米、深5.43米,开凿于唐代。现窟内四壁无造像,或许原造像是可移动的圆雕或塑像。窟顶正中雕刻一朵大莲花,莲花周围刻有4身供养天与4只飞禽。供养天上身袒裸,下身着裙,均手托果盘。4只飞鸟南

图176 第2220窟窟顶

侧的 2 只向东飞舞，北侧的 2 只相对飞舞，飞鸟尖嘴，长颈长脚，从特征上来看更像是飞鹤，而不似飞雁（图 176）。只是大雁为佛教中的圣物，是佛陀的化身，窟顶出现飞鸟，人们自然联想到了大雁，故称它为"四雁洞"。飞鸟与供养天人相伴侍佛，表现出佛国吉祥的境界。

第 2211、2214 窟（二莲花洞）

二莲花洞北洞高 4.3 米、宽 4.95 米、深 5 米；南洞高 4.2 米、宽 4.98 米、深 4.75 米。两个洞窟并非统一规划开凿的双窟，因两洞邻近，大小略同且窟顶都雕刻有一朵花瓣硕大的精美大莲花而得名二莲花洞，约为武则天时期开凿。南洞保存较好，洞内主佛着通肩式袈裟，右手扶膝，施降魔印。窟顶大莲花周围环绕 4 身供养飞天，均手托果盘环绕飞翔。窟门上方也有 2 身飞天，保存较完整，那迎风摆动的衣裙，飘飞翻卷的彩带，使飞天显得轻盈美妙，潇洒自如；北洞窟内造像多已残损，仅南侧壁的神王像保存较好，神王足踏二夜叉。

香山寺掩映在龙门香山的苍松翠柏之中，始建于北魏熙平元年（516）。唐垂拱三年（687）为安葬印度来华高僧地婆诃罗重建佛寺。唐天授元年（690）武则天称帝，梁王武三思奏请，重修并扩建了该寺。新寺落成，"危楼切汉，飞阁凌云"，十分壮观，武则天常"驾亲游幸"，并亲敕"香山寺"之名。后经安史之乱一度衰败。唐大和六年（832），时任河南尹的白居易出资重修了香山寺。诗人在《修香山寺记》中写道："洛都四郊，山水之胜，龙门首焉；龙门十寺，观游之胜，香山首焉。"香山寺在清康熙四十六年（1707）复建，2003年政府投资再次扩建重修，寺内有大雄宝殿、罗汉殿、神王殿、钟鼓楼，还有石楼、九老堂、乾隆御碑亭、蒋宋别墅等景观可供参观游览（图177）。

在唐朝时，香山寺已成游览胜地，帝王权臣、文人墨客纷至沓来，女皇武则天曾率群臣游龙门，在香山寺留下了"香山赋诗夺锦袍"的文坛佳话。

诗人白居易"停官致仕"后更是放情山水，与洛阳的8位社会名流在香山寺结成著名的"香山九老会"。他们徘徊在香山寺，或行吟山林，或啸唱泉边，为后人称颂效仿。众多文人墨客，如李白、杜甫、宋之问、沈佺期、孟浩然、刘长卿、刘禹锡、韦应物、李德裕、梅尧臣、文彦博、欧阳修、邵雍、蔡襄、司马光、黄庭坚、秦观等都在此留下了美妙的诗篇。登香山寺，眺览伊阙风光，令人心旷神怡，流连忘返。

图177　香山寺外景

白居易，字乐天，号香山居士，唐大历七年（772）出生于河南新郑，晚年在洛阳居住18年，对龙门山水十分眷恋，与香山寺的僧人来往密切，会昌六年（846），75岁的白居易在洛阳去世，家人遵照遗嘱，葬于香山寺僧如满塔侧。1961年，白居易墓纳入龙门石窟，被国务院公布为全国重点文物保护单位。1981年至1985年，洛阳市政府出资，依托白居易墓建起了一座山水园林——白园。白园设计者遵循诗人的园林思想，将人文建筑与自然山水融为一体，古朴典雅，曲径通幽。园内现分为青谷区、诗廊区、墓体区。白居

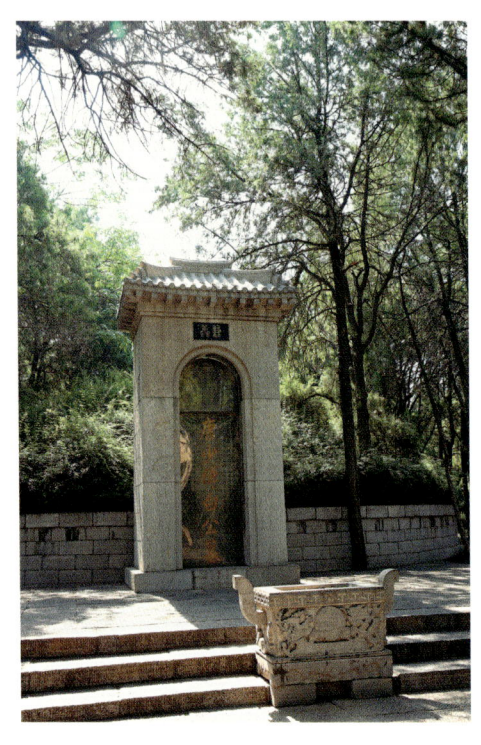

图178 白居易墓园

易的墓体位于园内中部的琵琶峰上，墓碑高2.8米，正楷书写"唐少傅白公墓"（图178）。白居易墓体周长52米、高4米，椭圆的黄土冢犹如琵琶的音箱，墓后细细的山梁恰似琵琶的琴弦，因此这里被称为琵琶峰。诗人生前精通音律，尤爱琵琶，在被贬为江州司马时，写下了千古名篇《琵琶行》，死后葬于琵琶峰上，亦当笑慰九泉了。